职业院校课程改革特色教材（汽车类）
ZHIYE YUANXIAO KECHENG GAIGE TESE JIAOCAI (QICHELEI)

汽车基础一体化教程

■ 车小平　总主编
韦家壮　许书娟　主编

人民邮电出版社
北京

图书在版编目（CIP）数据

汽车基础一体化教程 / 韦家壮，许书娟 主编. -- 北京 : 人民邮电出版社，2014.9（2023.8重印）
职业院校课程改革特色教材. 汽车类
ISBN 978-7-115-36121-9

Ⅰ. ①汽… Ⅱ. ①韦… ②许… Ⅲ. ①汽车－高等职业教育－教材 Ⅳ. ①U46

中国版本图书馆CIP数据核字(2014)第177616号

内 容 提 要

本书以培养学生的汽车基础知识和初级技能为核心，详细介绍了汽车的发展历程、汽车的商品知识、汽车的基本构造、中国汽车服务业概况和汽车服务行业从业人员要求的专业理论知识和初级操作等内容。

本书可作为中、高等职业技术学院汽车应用类专业的教学用书，也可供有关技术人员参考、学习、培训之用。

◆ 总 主 编 车小平
主　　编 韦家壮 许书娟
责任编辑 刘盛平
执行编辑 王丽美
责任印制 杨林杰
◆ 人民邮电出版社出版发行　　北京市丰台区成寿寺路 11 号
邮编 100164　　电子邮件 315@ptpress.com.cn
网址 http://www.ptpress.com.cn
北京七彩京通数码快印有限公司印刷
◆ 开本：787×1092 1/16
印张：6.5　　2014 年 9 月第 1 版
字数：124 千字　　2023 年 8 月北京第 14 次印刷

定价：18.00 元

读者服务热线：(010)81055256 印装质量热线：(010)81055316
反盗版热线：(010)81055315
广告经营许可证：京东市监广登字20170147号

前言 PREFACE

汽车基础是汽车维修技术技能人才必须掌握的专业基础知识和基本技能，也是中职汽车维修专业的一门重要的专业基础课程。

本书以工作过程为导向，强调学习的内容要与将来所从事的工作相关联。根据课程目标，采用理论与实践一体化教学模式，包含职业岗位典型工作任务，与社会生活、实际生产相关联的理论知识、操作技能、实践问题以及学习评价等内容。本书设定的理论与实践一体化教学模式、教学内容、技能训练和教学评价反馈体系，形成了“教、学、做、考”四位一体教学模式。

本书按照学习的内容要与将来所从事的职业岗位工作相关联的指导思想，把汽车基础知识和基本技能划分为 5 个教学项目和 12 个教学单元。通过 5 个教学项目和 12 个教学单元的学习和训练，学生不仅能够掌握汽车基础知识，而且能够掌握汽车维修基础的方法和技能，达到汽车维修中级工所必备的专业基础水平。

本书的参考学时为 60～78 学时，建议采用理论实践一体化教学模式，各章的参考学时见下面的学时分配表。

学时分配表

项　目	课程内容	学　时
项目一	汽车的发展历程	4～8
项目二	汽车的商品知识	24～28
项目三	汽车的基本构造	24～28
项目四	中国汽车服务业概况	4～6
项目五	汽车服务行业从业人员要求	4～8
课时总计		60～78

由于编者水平和经验有限，书中难免有欠妥和错误之处，恳请读者批评指正。

编者

2014 年 4 月

目录

CONTENTS

项目一 1 汽车的发展历程

单元一 世界汽车发展史

学习目标

◎了解世界汽车发展历史知识。

◎掌握世界汽车发展历史知识。

世界汽车的发展历史大约经历了 130 年，人们一般都把 1886 年作为汽车元年，这一年，德国曼海姆专利局批准卡尔·本茨为其在 1885 年研制成功的三轮汽车申请的专利，这一天被后人称为现代汽车诞生日。同年，另一名德国人戴姆勒也试驾了他发明的四轮汽油汽车。从此，汽车开始改变这个世界，各国都争相发展汽车，使汽车工业有了日新月异的变化。各国制成第一辆汽车的时间为，法国 1890 年，美国 1893 年，英国 1896 年，日本 1907 年，俄罗斯 1910 年。

世界汽车发展史上的四座里程碑。

1．第一辆汽油发动机汽车

1886 年，德国工程师卡尔·本茨研制成一辆装有 661.5 瓦（0.9 马力）汽油机的三轮车，如图 1-1 所示。德国另一位工程师哥德利布·戴姆勒也于同年研制出一辆用 808.5 瓦（1.1 马力）汽油发动机作动力的四轮汽车。

图 1-1　卡尔·本茨研制的装有 661.5 瓦汽油机的三轮车

2．第一辆大批量产的汽车

1908 年，汽车史上第一辆在生产线上大量装配的四轮汽车——福特 T 型车在美国诞生，如图 1-2 所示。福特 T 型车一改以往汽车马车型的造型，加上功能配置上的创新和改进，构造简单的四缸发动机为 14.7 千瓦（20 马力），工作容积为 2884 毫升，转速为 1600 转/分。工作负荷低，转速慢，使得这种发动机非常坚固耐用，它可以用最低劣的汽油，甚至可以用煤油比例很大的混合油，使它成为当时城市最佳的个人交通工具，上市第一年就卖出 1.9 万辆。1920 年，T 型车从装配线退役时，总共生产了 1500 万辆。

图 1-2　四轮福特 T 型汽车

3．第一辆划时代汽车

大众甲壳虫汽车是第二次世界大战前，在全世界汽车发生紧缺的时候，为民用生产的汽车，如图 1-3 所示。它是在德国政府领导部门的指令下设计和生产的，规定汽车最高速度达到 99.2 公里/每小时，每加仑汽油要能够行驶 67.2 公里，必须是风冷发动机，而且车内还要能够乘坐 2 个成年人和 3 个儿童。因此市场状况对它十分有利。自投产以来，它的产量达到 2100 万辆，打破了福特 T 型汽车的产量纪录。目前，大众汽车公司又推出新甲壳虫，引起了人们的极大兴趣。

4．第一辆微型汽车

1959 年面世的“迷你（Mini）”轿车引发了汽车技术的一场革命。它的设计理念是，为了给 4 个成年人留下足够宽敞的座位，把机械都集中在两个前轮之间以及后座地板下面。这种车长 3.05 米，宽 1.4 米，它的重量仅有 630 千克。所以 25 千瓦（34 马力）横置的发动机可以使它开得飞快，如图 1-4 所示。曾经在一段时间里，“迷你”车成了一种不分等级的、受推崇的汽车。这种小型车在取得观念上的突破的同时，还屡次在汽车赛中取得冠军。55 年后的今天，这款车仍然流行，几乎所有公司都模仿了“迷你”车的设计，使之成为最家庭化的轿车。

发展到今天，各大汽车公司把各种先进技术和装备，如微型电子计算机、无线电通信、卫星导航等新技术、新设备、新方法和新材料广泛应用于汽车工业中，汽车正在走向自动化和电子化。汽车是当前世界最主要的交通工具，在将来它仍然是世界上的主要交通工具，别的任何交通工具都不可能完全把汽车取代。

图 1-3 大众甲壳虫汽车

图 1-4 “迷你（Mini）”轿车

【趣味知识】法拉利公司介绍

法拉利（Ferrari）是世界上最闻名的赛车和运动跑车的生产厂家，创建于 1929 年，公司总部在意大利的马拉内罗，创始人是世界赛车冠军，划时代的汽车设计大师恩佐·法拉利。

法拉利汽车大部分采用手工制造，因而产量很低，年产量只有约 4000 辆。法拉利跑车和赛车的最大特点是有绝佳的操控性及优异的性能，每辆跑车都装有一部高性能发动机，发动机最高转速可达 7000～10000 转/分，功率超过 367.7 千瓦（500 马力），最高车速可达 300 多千米/小时。与其他汽车的区别还有，每一辆法拉利汽车，都可以说是一件绝妙的艺术品。

1993 年第一辆法拉利轿车进入中国，车型是 348 GTS（见图 1-5），是 1993 年法拉利针对 348 TS 改进后的车型，车型名称还是延续了 348 TS。TS 取自 transverse（横置发动机）和 spider（敞篷车）两词的首字母。中置 3.4 升，V8，自然吸气发动机，最大功率 224 千瓦。

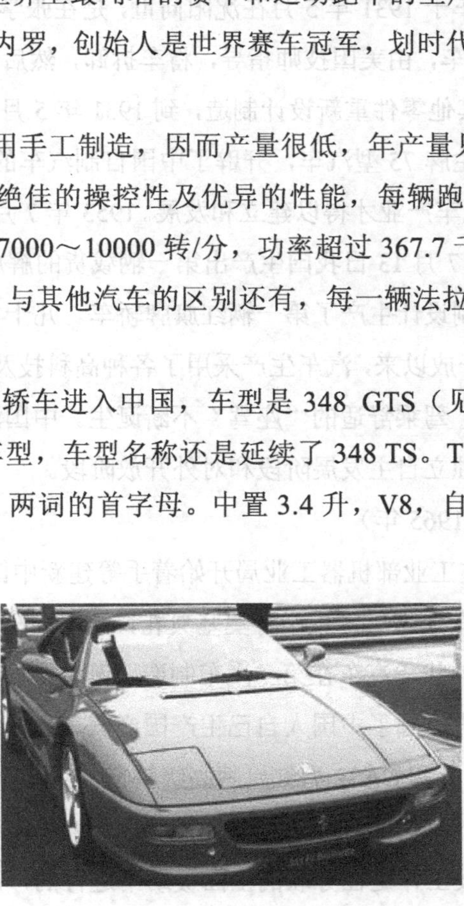

图 1-5 法拉利 348 GTS 轿车

单元二 中国汽车发展史

学习目标

◎了解中国汽车发展历史知识。

◎掌握中国汽车发展历史知识。

中国土地上第一辆汽车是1903年输入的美国产奥斯莫比尔牌小汽车，领得第一号汽车行驶牌证，其所有者为上海富商。现存于北京的最早的小客车是1908年袁世凯奉献给慈禧太后的。

我国自制的第一辆汽车于1931年5月在沈阳问世，是在张学良将军支持下，从美国购进“瑞雪”号整车一辆作为样车，由美国技师指导，将车拆卸，然后除发动机后轴、电气装置和轮胎等用原车零件外，对其他零件重新设计制造，到1931年5月历时两年，终于试制成功我国第一辆汽车，命名为民生牌75型汽车，开辟了中国自制汽车的先河。

新中国成立后，中国汽车产业才得以建立和发展。1953年7月第一汽车制造厂动工兴建，1956年7月投产，1957年7月13日我国生产出第一辆载货的解放牌汽车，1958年5月，我国第一汽车制造厂自行研制设计生产了第一辆红旗牌轿车。几十年来，我国汽车工业得到了快速的发展。特别是改革开放以来，汽车生产采用了各种高科技及人性化的安全及便利设施，汲取国外汽车科研的精华，驾乘舒适的“座驾”不断诞生。中国汽车产业的发展过程可以分成3个阶段：创建阶段、独立自主发展阶段和对外开放阶段。

1. 创建阶段（1949～1965年）

1949年10月，中央重工业部机器工业局开始着手筹建新中国的汽车工业。

1953年7月，第一汽车制造厂隆重举行奠基典礼，第一汽车制造厂破土动工。1956年7月，我国第一辆解放牌4吨载货汽车在第一汽车制造厂诞生，如图1-6所示。从此结束了中国自己不能制造汽车的历史，圆了中国人自己生产国产汽车之梦。随后，又试制成功CA71型东风牌小轿车（见图1-7）和CA72型红旗牌高级轿车（见图1-8）。

1953—1958年是中国汽车产业的创建阶段，长春第一汽车制造厂的建成是这一阶段的标志。这一阶段的特点为建设工作是在苏联的全面援助下进行的，产品由苏联引进，工艺流程由苏联设计，主要设备由苏联提供，连厂房设计也是由苏联方面承担的。第一汽车制造厂的设计能力为年生产汽车 3 万辆，产品是载重 4 吨的载货汽车和相应的越野车。第一汽车制造厂于 1953 年奠基，1956 年从第一汽车制造厂流水装配线上开出第一台“解放牌”汽车。1958 年生产汽车 16000 辆。

图 1-6 解放牌 4 吨载货汽车

图 1-7 CA71 型东风牌小轿车

图 1-8 CA72 型红旗牌高级轿车

2. 独立自主发展阶段

1958 年左右，中国汽车产业与其他经济部门一起进入自力更生的时期。在初步形成了自己的基础工业之后，我国各地纷纷仿造和试制了多款汽车，逐渐形成了几个较有规模的汽车制造厂。除第一汽车制造厂外，较大规模的还有南京汽车制造厂、北京汽车制造厂等。中国汽车产业进入了一个新的发展阶段——独立自主、自力更生的发展阶段。

进入 20 世纪 60 年代，在国家和省市支持下，建成南京、上海、北京和济南汽车制造厂，相应建立了专业化生产模式的总成和零部件配套厂，为今后发展大批量、多品种生产协作配套体系形成了初步基础。形成一大四小共 5 个汽车制造厂，年生产能力近 6 万辆、9 个车型品种。1965 年年底，全国民用汽车保有量近 29 万辆，其中国产汽车 17 万辆（一汽累计生产 15 万辆）。

1964 年开始筹建第二汽车制造厂，从当时的政治、军事和经济建设观点出发，选择在湖北省西北部山区（现今十堰市）建厂。全国相关行业大协作，从 1966 年开始动工，几十个工厂散布在山里，绵延 80 千米。1978 年开始批量投产，主要产品是中国人自己开发的载重 5 吨的“东风牌”载货汽车，如图 1-9 所示。20 世纪 80 年代中期达到年产中型载货汽车 10 万辆以上的规模，成为国内生产规模最大的企业，并且产品深受用户欢迎。第二汽车制造厂的工厂设计和工艺设计都是中国人自己完成的，98%的生产设备是国产设备。在当时条件十分困难的中国，第二汽车制造厂的建成可以说是一个奇迹。

图 1-9　EQ1090 型东风牌五吨载货汽车

3．对外开放阶段

1985 年至今是中国汽车产业发展的第三阶段。

中国汽车工业获得了长足的发展，形成了完整的汽车工业体系。从载重汽车到轿车，开始全面发展。这一阶段是我国汽车工业由计划经济体制向市场经济体制转变的转型期。这一时期的特点是：商用汽车发展迅速，商用汽车产品系列逐步完整，生产能力逐步提高。具有了一定的自主开发能力。重型汽车、轻型汽车的不足得到改变。轿车生产奠定了基本格局和基础。我国汽车工业生产体系进一步得到完善。随着市场经济体制的建立，政府经济管理体制的改革，企业自主发展、自主经营，大企业集团对汽车工业发展的影响越来越大。汽车工业企业逐步摆脱了计划经济体制下存在的严重的行政管理的束缚。政府通过产业政策对汽车工业进行宏观管理，通过引进技术、合资经营，使中国汽车工业产品水平有了较大提高，摸索了对外合作、合资的经验。

1985 年，中国与德国合营的上海大众汽车有限公司正式成立，南京汽车工业联营公司同意大利依维柯公司在南京签署了引进意大利菲亚特集团依维柯公司 S 系列轻型汽车许可证转让和技术援助合同，生产依维柯轻型汽车，如图 1-10 所示。国家批准广州汽车厂、中国国际信托投资公司与法国标致汽车公司、巴黎银行、国际金融公司建立合营企业，于 3 月 15 日签署合同。中美合资生产的切诺基汽车（见图 1-11）投产。

图 1-10　依维柯轻型汽车

图 1-11　切诺基汽车

1986 年，天津汽车工业公司引进日本大发公司夏利轿车，技术许可证转让合同在天津签字，并生产 TJ7100 型夏利牌汽车，如图 1-12 所示。中法合资广州标致汽车有限公司投产。第一辆国产斯达－斯太尔重型汽车（见图 1-13）在济南汽车制造总厂下线。

图 1-12　TJ7100 型夏利牌汽车

图 1-13　斯达－斯太尔重型汽车

1989 年，第一汽车制造厂新建的轿车装配线组装出首批奥迪轿车，如图 1-14 所示。

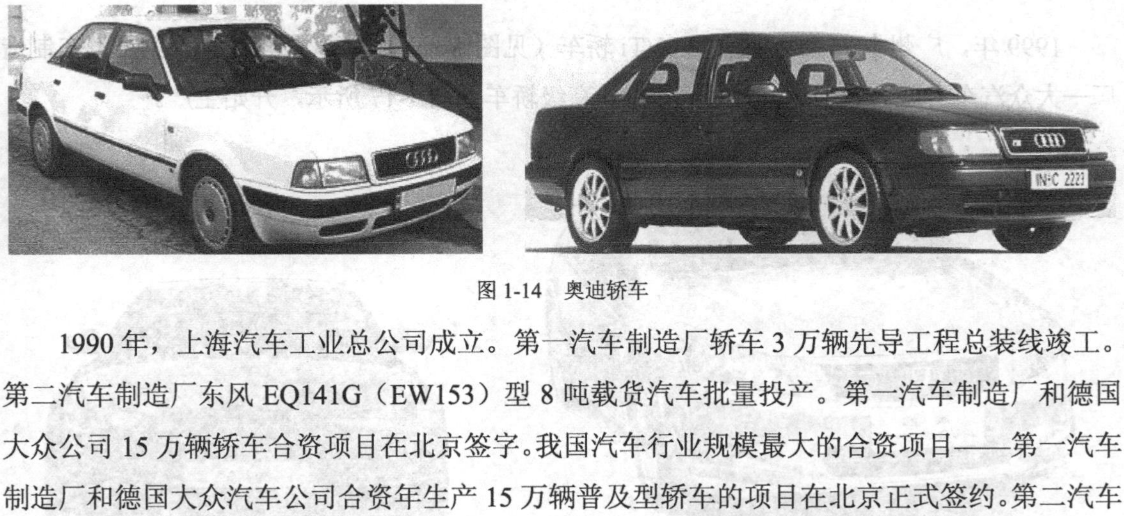

图 1-14　奥迪轿车

1990 年，上海汽车工业总公司成立。第一汽车制造厂轿车 3 万辆先导工程总装线竣工。第二汽车制造厂东风 EQ141G（EW153）型 8 吨载货汽车批量投产。第一汽车制造厂和德国大众公司 15 万辆轿车合资项目在北京签字。我国汽车行业规模最大的合资项目——第一汽车制造厂和德国大众汽车公司合资年生产 15 万辆普及型轿车的项目在北京正式签约。第二汽车制造厂与法国雪铁龙汽车公司合资生产轿车项目在巴黎签约。签约的合同为第一期工程，目标为年产 15 万辆 C 级普通型轿车，最终目标为年产 30 万辆 C 级和 B 级普通轿车。第二汽车制造厂与法国雪铁龙公司轿车合资合同在法国签字。

1991 年，我国汽车工业最大的合资企业——第一汽车制造厂－大众汽车有限公司正式成立，投资额为 42 亿元人民币。第一汽车制造厂与德国大众汽车公司投资比例为 6∶4，主要生产具有国际先进水平的高尔夫和捷达轿车。一汽－大众生产的第一辆捷达轿车下线。

1993 年，日本汽车界在中国最大的合资企业——江西五十铃汽车有限公司在南昌成立。

1998 年，上海－大众汽车有限公司为 1998 款新车——上海桑塔纳 2000GSi（时代超人）

轿车（见图 1-15），举行新车上市仪式。广州和日本本田签署合资合同。1998 年 7 月 1 日，广州本田汽车集团有限公司和日本本田技研工业股份有限公司各出资 50%成立广州本田汽车有限公司。全国人民关注的民族品牌高档轿车——全新大红旗轿车在第一汽车制造厂隆重亮相。上海通用汽车有限公司生产的首辆别克新世纪轿车在浦东金桥新落成的工厂顺利下线。

图 1-15　上海桑塔纳 2000GSi 轿车

1999 年，广州本田 99 款雅阁 2.3VTi 轿车（见图 1-16），正式投入生产。第一汽车制造厂—大众汽车有限公司引进开发的奥迪 A6 高级轿车如图 1-17 所示，开始生产。

图 1-16　广州本田雅阁 2.3VTi 轿车

图 1-17　奥迪 A6 轿车

2000 年，中国汽车产量首次超过 200 万辆。

2001 年，奇瑞、吉利汽车等一批新的轿车企业进入生产领域。

2002 年，全国汽车产量 325 万辆，超过加拿大、西班牙和韩国，成为世界第五大汽车生产强国。

2003 年，汽车产销猛增，中国汽车工业产销再创新高，累计产销汽车 444.37 万辆和 439.08 万辆。

2003 年 5 月，吉利集团生产出中国第一辆跑车“美人豹”，如图 1-18 所示。同年 10 月该车被中国国家博物馆永久收藏。

图 1-18 吉利美人豹轿车

2004 年，全年的汽车销售保持 30%的增长率。

2005 年，汽车销量达到 513.76 万辆，同比增长 12.07%。汽车整车进口量达到 123914 辆，同比增长 0.43%。汽车总销量达到 526.15 万辆，同比增长 11.76%。

2007 年年底，我国已上升到全球汽车销售第二大国的地位，全国在用机动车保有量 2.9 亿辆，私人机动车保有量为 1.2 亿辆。

2009 年，中国汽车累计产销量突破 1300 万辆，同比增长创历年最高，中国成为世界第一汽车生产和消费国。中国汽车产销量分别为 1379.10 万辆和 1364.48 万辆。

2010 年，我国汽车产销量双双突破 1800 万辆，不仅蝉联世界第一，且创全球历史新高。汽车产销量分别为 1826.47 万辆和 1806.19 万辆。

2011 年，我国实现汽车产销量 1841.89 万辆和 1850.51 万辆，我国汽车产销总量继续居全球第一位。

2012 年，我国汽车产销量双双超过 1900 万辆，创全球历史新高，再次蝉联世界第一。

2013 年，我国汽车产销量双双超过 2000 万辆，增速大幅提升，并且再次刷新全球纪录，已连续五年蝉联全球第一。

“十二五”时期，我国汽车行业的重点任务是提高自主创新能力，大力发展自主品牌，加快培育和发展节能与新能源汽车产业，加快国际化发展步伐，掌握关键零部件核心技术，加快零部件产业发展，做大做强企业集团，提高行业集中度，着力发展汽车服务业。“十二五”时期，我国汽车产量将达到 2800 万～3000 万辆，新能源汽车累计产销量达到 50 万辆，自主品牌乘用车市场占有率达到 50%，其中自主品牌轿车市场占有率达到 40%。

【趣味知识】一汽大众汽车有限公司介绍

一汽大众汽车有限公司是由中国第一汽车集团公司和德国大众汽车股份公司、奥迪汽车股份公司及大众汽车（中国）投资有限公司合资经营的大型轿车生产企业，是我国第一个按经济规模起步建设的现代轿车工业基地。一汽大众于 1991 年 2 月 6 日正式成立，1997 年 8 月正式通过国家验收，2004 年 12 月 7 日，一汽大众轿车二厂正式建成投产。经过不断发展，一汽大众现已形成日产 2000 辆整车的生产能力，同时实现部分整车、总成及零部件的出口。

一汽大众主要生产的车型，如图 1-19 所示。

迈腾

速腾

宝来

高尔夫

捷达

开迪

图 1-19　一汽大众主要生产的部分车型

单元三 广西壮族自治区汽车发展史

学习目标

◎了解广西汽车发展历史知识。

◎掌握广西汽车发展历史知识。

1969年，柳州农业机械厂（柳州汽车厂前身）和柳州机械厂一同试制生产LGS－130型汽车（仿南京跃进NJ130型），如图1-20所示。由柳州农业机械厂生产底盘、驾驶室、车厢，并负责总装，柳州机械厂生产发动机。同年4月，两厂试制成功“柳江”牌130载重汽车，载重量为2.5吨，结束了广西不能造汽车的历史，首开广西汽车生产的先河。1980年，“柳江”牌汽车停产，12年间累计生产7098辆。

1979年，柳州汽车厂成功开发出“广西”牌柴油五吨载货汽车，填补了国内中型柴油商用车的空白。

1980年，玉林柴油机厂试制成功YC6105型柴油发动机，如图1-21所示。开始配套东风汽车公司。

图1-20　LGS－130型柳江牌汽车

图1-21　玉林柴油机厂生产的YC6105型柴油发动机

1982年，广西第一辆LZ110微型货车试制成功，如图1-22所示。

1994年8月，桂林客车工业集团与韩国大宇客车株式会社合资成立桂林大宇客车公司，生产桂林大宇客车，如图1-23所示。

2001年，东风柳州汽车有限公司推出面向公务、商务和旅游市场的新一代多功能乘用车——

东风风行商务车，广西开始了乘用车的研发和制造。

图 1-22　LZ110 微型货车

图 1-23　桂林大宇客车

2003 年，广西第一辆轿车——上汽通用五菱汽车股份有限公司雪佛兰 SPARK 微型轿车上市，如图 1-24 所示。

图 1-24　上汽通用五菱 SPARK 微型轿车

2003 年，柳州汽车年产量突破 20 万辆大关，达到 20.85 万辆。

2004 年 12 月，广西玉柴机器股份有限公司自主研发中国首台、世界体积最小的 YC4W 型 1.2 升、1.3 升排量微型轿车柴油发动机，如图 1-25 所示，填补了中国汽车发动机的空白。

2005 年广西汽车产量达到 38.9 万辆。

2006 年柳州汽车年产量已经冲破 50 万辆大关，逼近 60 万辆。

2007 年柳州汽车全年的产量突破 70 万辆。

2007 年 10 月，广西第一款自主品牌的面向家庭的小型多功能乘用车——“景逸”上市，如图 1-26 所示。

图 1-25　YC4W 型小排量微型轿车柴油发动机

图 1-26　景逸牌小型多功能乘用车

2009 年，上汽通用五菱汽车股份有限公司汽车产量突破 100 万辆。同年广西第一款新能源客车——桂林客车工业集团有限公司和国家电网上海雷博新能源汽车技术联合开发制造的“电池+电容”纯电动公交客车正式下线，如图 1-27 所示。

图 1-27　桂林纯电动城市客车 GL6120BEV

图 1-28　五菱微型电动货车

2009 年 12 月 28 日，柳州五菱汽车工业有限公司自主研发的五菱微型电动货车（见图 1-28）和电动社区车（见图 1-29）双双下线。

2010 年，东风柳州汽车有限公司汽车产量突破 10 万辆。广西汽车产业实现销售收入突破 1200 亿元，成为继食品产业之后，广西第二个千亿元产业。

2010 年 11 月 22 日，广西第一款中型轿车——上汽通用五菱汽车股份有限公司生产的宝骏 630 轿车正式下线，如图 1-30 所示。

2011 年，广西汽车的产量为 143148 辆，同比增长了 16.17%，2011 年 1 月至 11 月，广西汽车产量为 1274049 辆，同比增长了 3.28%。

2012 年广西汽车产量为 1673293 辆，同比增长 18.68%。

2013 年广西汽车产量为 1869086 辆，同比增长 11.7%。

图 1-29　五菱电动社区车

图 1-30　宝骏 630 轿车

“十二五”期间，广西将采取多种措施，进一步支持广西汽车产业做强做优。将在保持微型车领先优势的基础上，以中型轿车为突破口，加快整车发展，提升竞争优势；以关键技术为重点，加强技术创新，提高竞争能力；以出口基地建设为依托，扩大对外开放，形成特色优势；以柳州为中心，加快资产重组，加快建设汽车城，推进产业集群发展，全面提升广西汽车工业整体实力。力争到 2015 年，汽车产业销售收入突破 2650 亿元，实现工业增加值 650 亿元；汽车整车年产销突破 220 万辆，其中轿车及小型多功能乘用车产量突破 45 万辆；车用内燃机达到 300 万台。

【趣味知识】上汽通用五菱汽车股份有限公司介绍

2002 年 11 月 18 日正式挂牌成立的上汽通用五菱汽车股份有限公司，是由上海汽车集团股份有限公司、通用汽车（中国）公司、柳州五菱汽车有限责任公司三方共同组建的大型中外合资汽车公司，其前身可以追溯到 1958 年成立的柳州动力机械厂。几十年来，公司的规模不断扩大，产量持续增长，逐渐发展成为一家国际化和现代化的大型本土合资企业。公司占地 89.2 万平方米，拥有以冲压、车身、涂装、总装为主体的现代化生产车间，并形成了微型商用车和微型乘用车两大产品系列的生产格局。

主要生产车型，如图 1-31 所示。

宝骏 630　　　　宝骏乐驰

图 1-31　上汽通用五菱汽车股份有限公司生产的部分车型

五菱宏光 S

五菱荣光

五菱荣光加长版

五菱荣光小卡单排

五菱之光小卡

五菱箱货加长版

五菱之光加长版

图 1-31 上汽通用五菱汽车股份有限公司生产的部分车型（续）

项目二

汽车的商品知识

单元一 汽车分类知识

学习目标

◎了解汽车的概念和定义。

◎了解我国的汽车分类和汽车编号规则。

◎掌握我国的汽车分类和汽车编号规则。

◎掌握我国汽车分类的新旧标准区别。

一、汽车的概念和定义

1．汽车的概念

车是指陆地上用轮子转动的交通工具，泛指用轮子转动的器具和机器。

但在人类发展史上，车最广泛、最普遍的意义还在于它是一种交通运输工具或专门作业工具。在这个意义上，广义来讲，大凡借助于车轮，可以在地面上行走或移动的人造物件，都可以称之为车或车辆。狭义来讲，车特指道路交通工具或道路运输工具。

通常人们所说的汽车一般指内燃机汽车。但从广义上讲，汽车应该包括蒸汽汽车、电动汽车、内燃机汽车和其他燃料汽车。

2．汽车的定义

按照国家最新标准 GB/T 3730.1—2001，汽车的定义：由动力驱动，具有 4 个或 4 个以上车轮的非轨道承载的车辆，主要用于载运人员和（或）货物、牵引载运人员和（或）货物的车辆和特殊用途。还包括与电力线相连的车辆，如无轨电车；整车整备质量超过 400kg 的三轮车辆。

二、我国的汽车分类

按照国家标准 GB 9417—89 对中国汽车的分类规定，将汽车分类为载货汽车、越野汽车、自卸汽车、牵引汽车、专用汽车、客车、轿车和半挂车 8 类。

2005 年起，我国采用 GB/T 3730.1—2001 标准，将汽车分为乘用车和商务车两大类。

三、我国汽车产品型号编号规则（GB 9417—89）

国产汽车编号规则如下：

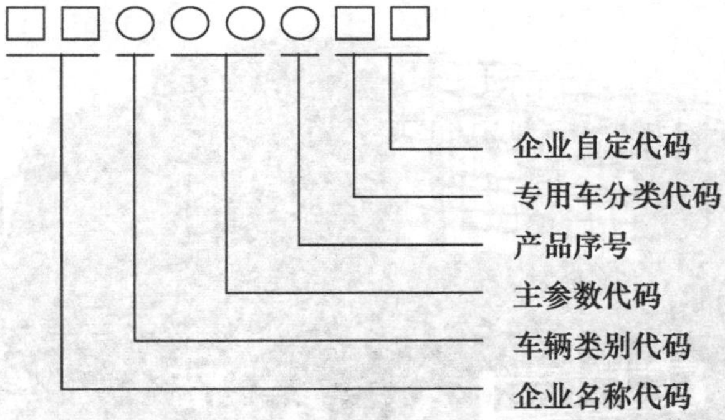

1．载货汽车

载货汽车主要用于运送货物，如图 2-1 所示。根据国产汽车编号规则规定，载货汽车的车辆类别代码为“1”，主参数代码为厂定最大总质量（单位：吨）。

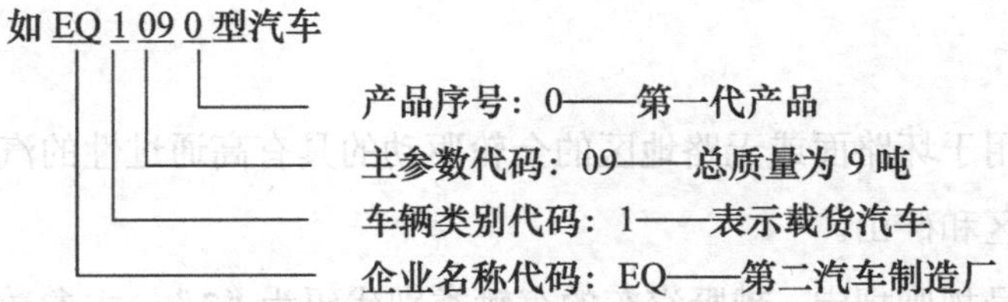

载货汽车根据最大总质量不同，汽车等级可分为：微型货车，Ga≤1.8 吨；轻型货车，1.8 吨<Ga≤6 吨；中型货车，6 吨<Ga≤14 吨；重型货车，Ga>14 吨。

图 2-1　部分载货汽车

图 2-1　部分载货汽车（续）

2．越野汽车

越野汽车是主要用于坏路面或无路地区的全轮驱动的具有高通过性的汽车，如图 2-2 所示。多用于国防、林区和矿山。

根据国产汽车编号规则规定，越野汽车的车辆类别代码为“2”，主参数代码为厂定最大总质量（单位：吨）。

如 BJ 2 02 0 型汽车

- 产品序号：0——第一代产品
- 主参数代码：02——总质量为 2 吨
- 车辆类别代码：2——表示越野汽车
- 企业名称代码：BJ——北京汽车制造厂

越野汽车根据最大总质量不同，汽车等级可分为轻型越野汽车，Ga≤5 吨；中型越野汽车，5 吨≤Ga≤13 吨；重型越野汽车，13 吨<Ga≤24 吨；超重型越野汽车，Ga>24 吨。

图 2-2　部分越野汽车

图 2-2 部分越野汽车（续）

3．自卸汽车

自卸汽车是以运送货物为主且有可倾卸货箱的汽车，如图 2-3 所示。适于坏路面或无路地区行驶，多用于国防、林区和矿山。

根据国产汽车编号规则规定，自卸汽车的车辆类别代码为“3”，主参数代码为厂定最大总质量（单位：吨）。

如 CA 3 09 0 型汽车

- 产品序号：0——第一代产品
- 主参数代码：09——总质量为 9 吨
- 车辆类别代码：3——表示自卸汽车
- 企业名称代码：CA——第一汽车制造厂

图 2-3 部分自卸汽车

根据最大总质量不同，汽车等级可分为：轻型自卸汽车，Ga≤6 吨；中型自卸汽车，6 吨<Ga≤14 吨；重型自卸汽车，Ga>14 吨；矿用自卸汽车。

4．牵引汽车

牵引汽车是指专门或主要用于牵引挂车或半挂车的汽车，如图 2-4 所示。根据牵引挂车的不同可分为半挂牵引汽车和全挂牵引汽车。

图 2-4 部分半挂牵引汽车

根据国产汽车编号规则规定，牵引汽车的车辆类别代码为“4”，主参数代码为厂定最大总质量（单位：吨）。

如 CA 4 17 0 型汽车

- **产品序号：0——第一代产品**
- **主参数代码：17——总质量为 17 吨**
- **车辆类别代码：4——表示牵引汽车**
- **企业名称代码：CA——第一汽车制造厂**

根据最大总质量不同，汽车等级可分为轻型半挂牵引车，Ga≤7.1 吨；中型半挂牵引车，7.1 吨<Ga≤19.5 吨；重型半挂牵引车，19.5 吨<Ga≤34 吨；超重型半挂牵引车，Ga>34 吨。

5．专用汽车

专用汽车装置有专用设备、具备专用功能，是用于承担专门运输任务或专项作业的汽车，如图 2-5 所示。用于完成特殊任务，如消防车、救护车、油罐车、防弹车、工程车等。

根据国产汽车编号规则规定，专用汽车的车辆类别代码为“5”，主参数代码为厂定最大总质量（单位：吨）。

如CA 5 09 0 X型汽车

产品序号：0——第一代产品，X——厢式货车

主参数代码：09——总质量为9吨

车辆类别代码：5——表示专用汽车

企业名称代码：CA——第一汽车制造厂

各编号代表的含义：X为厢式货车；G为罐式汽车；Q为起重举升汽车；C为仓栅式汽车；T为特种结构汽车；Z为专用自卸汽车。

图2-5 部分专用汽车

6．客车

客车具有长方形车厢，是主要用于载送人员及其随身行李物品的汽车，如图2-6所示。按用途不同可分为长途客车、团体客车、市内公共汽车和旅游客车等。

根据国产汽车编号规则规定，客车的车辆类别代码为“6”，主参数代码为厂定车长度（单位：米）。

如CA 6 45 0型汽车

产品序号：0——第一代产品

主参数代码：45——总长度4.5米

车辆类别代码：6——表示客车

企业名称代码：CA——第一汽车制造厂

按车身长度不同，汽车等级可分为：微型客车，L≤3.5米；轻型客车，3.5米<L≤7米；中型客车，7米<L≤10米；大型客车，L>10米；特大型客车。

图2-6　部分客车汽车

7. 轿车

轿车是用于载送人员及其随身物品，且座位布置在两轴之间的四轮车辆，如图2-7所示。

根据国产汽车编号规则规定，轿车的车辆类别代码为“7”，主参数代码为厂定发动机排量（单位：升）。

如CA7 16 0型汽车

产品序号：0——第一代产品

主参数代码：16——发动机排量1.6升

车辆类别代码：7——表示轿车

企业名称代码：CA——第一汽车制造厂

按发动机排量大小，汽车等级可分为：微型轿车，V≤1升；普通级轿车，1升<V≤1.6

升；中级轿车，1.6 升＜V≤2.5 升；中高级轿车，2.5 升＜V≤4 升；高级轿车，V＞4 升。

图 2-7 部分轿车汽车

8．备用分类号

根据国产汽车编号规则规定，“8”为备用分类号。

9．半挂车

自身不能行动需要牵引车牵引的车辆为挂车，如图 2-8 所示。半挂车只有车架，无发动机。其类别包括挂车、半挂车、中置轴挂车。

根据国产汽车编号规则规定，半挂车的车辆类别代码为“9”，主参数代码为厂定最大总质量（单位：吨）。

如YGB 9 31 1 XXXY型汽车

- 产品序号：1——第二代产品，厢式运输半挂车
- 主参数代码：31——总质量31吨
- 车辆类别代码：9——表示半挂车
- 企业名称代码：YGB——营口宝迪专用汽车制造有限公司

平板运输半挂车

厢式运输半挂车

图 2-8　部分半挂车汽车

四、我国汽车分类的新标准（GB/T 3730.1—2001）

随着我国汽车工业的发展和与国外汽车业的合资，合作与交流日益增多，面对近十几年来出现的各式各样汽车，上述标准已经不能与国际通行标准衔接，不适应实际需要。为了改变这一现象，我国重新制定了有关汽车分类的新标准（GB/T 3730.1—2001）。

新标准依据国际标准（ISO 3833）制定，其中最显著的修改，一是废除“轿车”的提法，改称为“乘用车”，二是不再将越野车单独分为一类，而是归属到各个车类中。2005 年起采用 GB/T 3730.1－2001 标准，将汽车分为乘用车和商用车两大类。

（一）乘用车

新标准（GB/T 3730.1－2001）定义，乘用车是指车辆座位少于九座（含驾驶员座），以载客为目的的车辆。在其设计和技术特性上主要用于载运乘客及其随身行李和/或临时物品的汽车，包括驾驶员座位在内最多不超过 9 个座位。它也可以牵引一辆挂车。乘用车细分为基本型乘用车、多功能车（MPV）、运动型多用途车（SUV）和交叉型乘用车 4 类，它是根据现阶段我国汽车工业发展的特点进行区别划分的。上述 4 类车型又分别按照厢门、排量、变速箱的类型和燃料类型进行了细分。

1．基本型乘用车

英文名称为 Basic Car，它的概念基本等同于旧标准中的轿车，但在统计范围上又不完全同于轿车，这种区别主要表现在将旧标准轿车中的部分非轿车品种如 GL8、奥德赛、切诺基排除在基本型乘用车外。

2．多功能车（MPV）

近年来行业引进的外来称谓，英文名称为 Multi-Purpose Vehicle，它是集轿车、旅行车和厢式货车的功能于一身，车内每个座椅都可以调整，并有多种组合方式，前排座椅可以 180°旋转的车型，如图 2-9 所示。通俗地说，多用途车就是可以坐 7～8 人的小客车。近年来该车型已有较多的企业生产，如东风柳州的风行、十几年前刚刚在中国出现时被称为“子弹头”的雪佛兰鲁米娜、丰田大霸王、现在的上海通用别克 GL8、上海大众途安、广本奥德赛、东风悦达起亚的嘉华、海南马自达的普力马、东南的菱绅、江淮的瑞风、东风雪铁龙的毕加索、丰田 Alphard 等都算是 MPV 车。

图 2-9 多功能车（MPV）

3．运动型多功能车（SUV）

SUV 的全称为：Sports Utility Vehicle，即“运动型多功能车”，如图 2-10 所示。SUV 起源于美国，同样也是近年美国市场最畅销的车型。20 世纪 80 年代，SUV 是为迎合年轻白领阶层的爱好，在皮卡底盘上发展起来的一种厢式车。

图 2-10 运动型多功能车（SUV）

运动型多功能车 4 轮驱动，一般前悬挂是轿车型的独立悬架，后悬挂是非独立悬架，离地间隙较大，在一定的程度上既有轿车的舒适性又有越野车的越野性能；带有 MPV 式的座椅多组合功能，使车辆既可载人又可载货，行驶范围广。近几年，SUV 向舒适化发展，一些车辆具有豪华轿车的功能。例如，1999 年推出的丰田凌志 RX300 和宝马 X5，都是建立在豪华轿车基础上的 SUV。

SUV 兼具城市行走、野外运动的功能，极其符合现代年轻人追求强烈个性的心态。SUV 能适应各种路况，而且性能价格比也相对较高，十分符合中国年轻一代的消费需求。SUV 在中国的兴起，是中国汽车市场和汽车文化迅速发展的必然结果。

也有的概念认为，SUV＝越野车＋旅行车。SUV 是在 1991、1992 年的时候才开始在美国真正兴起，1998 年 SUV 的概念进入中国。从 SUV 的字面意思上就可以发现，它本身是运动和多用途结合的车辆。旅行车在 20 世纪 50 年代至 80 年代的美国都非常盛行，以舒适性和多用途性赢得称赞；而越野车相对笨重，油耗又大，最后就产生了 SUV 的概念，它是旅行车和越野车相结合发展起来的。SUV 的底盘高，有大梁，可以牵引，后行李箱的空间同样宽大，SUV 是集越野、储物、旅行、牵引多种功能为一体的，所以称之为运动多功能车辆。

乘用车还可再细分为普通乘用车、活顶乘用车、高级乘用车、小型乘用车、敞篷车、舱背乘用车、旅行车、多用途乘用车、短头乘用车、越野乘用车、专用乘用车等 11 类，如图 2-11 所示。

高级乘用车（轿车）

舱背乘用车

小型乘用车

越野乘用车

图 2-11　部分乘用车车型

普通乘用车

舱背乘用车

旅行车

旅行车

活顶乘用车

越野乘用车

越野乘用车

旅行车

图 2-11 部分乘用车车型（续）

旅行车

高级乘用车（轿车）

图 2-11　部分乘用车车型（续）

（二）商用车

新标准（GB/T 3730.1－2001）中定义，商用车是指车辆座位大于 9 座（含驾驶员座），以经营为目的的车辆。在设计和技术特性上用于运送人员和货物的汽车，并且可以牵引挂车。它包括客车、载货车、半挂车、客车非完整车（客车底盘）和货车非完整车（货车底盘）。客车细分为小型客车、城市客车、长途客车、旅游客车、铰接客车、无轨客车、越野客车、专用客车；货车细分为普通货车、多用途货车、全挂牵引车、越野货车、专用作业车、专用货车，如图 2-12 所示。

客车

专用作业车（自卸车）

普通货车

普通货车

图 2-12　商用车型

救护车

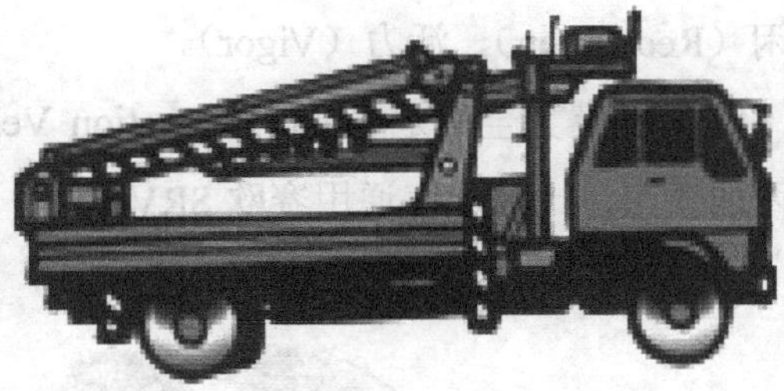

工程作业车

专用货车

全挂车

普通货车

图 2-12 商用车型（续）

表 2–1 我国汽车分类标准新旧对照表

	GB 9417—89 标准	GB/T 3730.1—2001 标准
乘用车	轿车	基本乘用车
	轻型客车+轻型越野车	SUV 运动型多用途车
	轿车+轻型客车	MPV 多功能车
	微型客车和其他不属于上述三类的车型	其他车型
商用车	客车（含驾驶员座位大于九座）	客车+客车非完整车
	载货车	货车+货车非完整车+半挂车

上海通用为两厢凯越车，如图 2-13 所示，打出了“HRV”的概念。HRV，即健康（Healthy）、休闲（Recreation）、活力（Vigor）。

SRV 的英文全称是 Small Recreation Vehicle，翻译过来的意思是“小型休闲车”，一般指两厢轿车，比如上海通用赛欧 SRV。

图 2-13　上海通用凯越两厢车（HRV）

CRV 不是某一类车型的称呼，而是日本本田汽车公司一种 SUV 车的名字，如图 2-14 所示。现在东风本田公司已经引进生产了该车，国内也有人称这种车为“思威”。本田 CRV 有一定的越野能力，有一定的离地间隙，不错的低转扭矩和适时四驱功能，CRV 的准确定位是一款城市多功能休闲车，是一般郊外旅游的理想用车。

FRV 是华晨汽车公司刚上市的一款称为骏捷的两厢车型，如图 2-15 所示。FRV 是 Flexible Recreational Vehicle 的意思，按字面翻译成富有弹性的旅行式轿车或者轿旅车。

乘用车按车身结构又可分为三厢式、两厢式和单厢式。

三厢式：车身结构由 3 个相互封闭，用途各异的厢组成，如图 2-16 所示。

图 2-14　城市多功能休闲车（CRV）

图 2-15　旅行式轿车（FRV）

三厢式车身　　两厢式车身

图 2-16　汽车车身

前部发动机舱安置轿车发动机、变速器、转向机构等。现代轿车发动机舱还担负起被动安全的作用。中部乘员舱设计坚固、刚性大。后部行李舱担负降低追尾所致伤害功能。

两厢式：车身结构由两个相互封闭，用途各异的厢组成，如图 2-16 所示。

前部发动机舱安置轿车发动机、变速器、转向机构等。现代轿车发动机舱还担负起被动安全的作用。中后部乘员舱设计坚固、刚性大。

单厢式：车身结构由一个封闭的厢组成，如图 2-17 所示。

图 2-17　单厢式车身

【趣味知识】汽车的类型按车辆动力的提供方式可分为 4 种。

汽油车：燃料为汽油的车辆。

柴油车：燃料为柴油的车辆。

混合动力车：就是将电动机与辅助动力单元组合在一辆汽车上做驱动力的车辆，辅助动力单元实际上是一台小型燃料发动机或动力发电机组。

电动车：通过将电能转化为机械能来驱动的车辆。

单元二 汽车产品外部标志知识

学习目标

◎掌握汽车产品外部标志知识。

◎掌握我国对汽车的管理和规定。

我国《汽车产品外部标志管理办法》对“汽车产品外部标志”做了规定。“汽车产品外部标志”是指注册商品商标、生产企业名称、商品产地、车型名称及型号、发动机排量、变速箱形式、驱动形式及反映车辆特征的其他标志。

国家发展和改革委员会制定的《汽车产品外部标志管理办法》，自 2006 年 2 月 1 日起施行。国产车一定要在显著部位标明身份，不能再一概以进口血统自居。随着《汽车产品外部标志管理办法》的发布实施，街上跑的国产奥迪改名叫“一汽奥迪”；国产宝马也成为“华晨宝马”，国产奔驰也就被尊称“北京奔驰”，打着显著中文标志的汽车将风行中国大地，不再背着单一的进口车的外观标志。其实，合资车的本质没有改变，改变的只是一种观念：中国不再是默默无闻的组装厂，这种淡化中国汽车的制造能力的行为从此将被纠正。

管理办法规定国产汽车在车身前部外表面的易见部位上应当至少装置一个能永久保持的商品商标，如图 2-18 所示。

管理办法规定国产乘用车、商用车、挂车在车身尾部显著位置（在保险杠之上的后部车身表面）上，应标注汽车生产企业名称、商品商标、车型名称等，如图 2-19 所示。如果标注商品图形商标，则应标注于车身尾部外表面的左右中间位置（车身尾部带备用轮胎架或车身后部左右开门的车辆除外）。

乘用车、商用车车身的前部和尾部标志中，汽车生产企业名称、商品商标、车型名称等应能永久保持，不得采用油漆喷涂方式和不干胶粘贴方式。

图 2-18　部分国产汽车前部装置商品商标

图 2-18　部分国产汽车前部装置商品商标（续）

图 2-19　部分国产汽车产品外部标志

在用的部分汽车商标示例，如图 2-20 所示。

图 2-20　部分汽车商品商标

图 2-20　部分汽车商品商标（续）

【趣味知识】广州丰田汽车有限公司介绍

广州丰田汽车有限公司成立于 2004 年 9 月 1 日，由广州汽车集团与日本丰田汽车公司各出资 50%组建，合作期限 30 年，注册资本 13 亿元人民币。公司位于中国最具活力的珠三角的几何中心广州南沙区，占地面积 187 万平方米，建筑面积 21 万平方米，起步产能 20 万辆/年。

广州丰田部分主要车型，如图 2-21 所示。

凯美瑞　　雅力士

图 2-21　广州丰田部分主要车型

汉兰达

FJ 酷路泽

图 2-21 广州丰田部分主要车型（续）

单元三 车辆识别代码与汽车标牌

学习目标

◎了解车辆识别代码知识。

◎了解我国的汽车标牌。

◎掌握我国的车辆识别代码。

一、车辆识别代码（VIN）管理规则和基本内容

（一）车辆识别代码（VIN）管理规则

现在国内外各汽车公司生产的汽车大都使用了 VIN（Vehicle Identification Number）车辆识别代码。VIN 代码由 17 位代码经过排列组合，包含该车辆的生产国家、制造公司或生产厂家、车的类型、品牌名称、车型系列、车身形式、发动机型号、车型年款（属哪年生产的年款型车）、安全防护装置型号、检验数字、装配工厂名称和出厂顺序号码等，可以使车辆生产在 30 年之内不会发生重号，又称为“汽车身份证”，具有很强的唯一性、通用性、可读性以及最大限度的信息载量和检索性。

VIN 代码一般以标牌的形式，装贴在车辆右侧的前半部分，易于看到，且能防止磨损或替换的车辆结构件上。9 人座或 9 人座以下的车辆和最大总质量小于或等于 3.5 吨的载货汽车的车辆识别代码，应永久地标示在仪表板上靠近风窗立柱的位置，在白天不需移动任何部件从车外能够分辨出车辆识别代码。

我国从 2004 年 12 月 1 日起颁布了新的《车辆识别代号（VIN）管理规则》，从 2004 年 12 月 1 日起实行。国家标准《道路车辆车辆识别代号（VIN）》（GB-16735—2004）于

2004 年 7 月 12 日由国家质检总局、国家标准化管理委员会正式批准，于 2004 年 10 月 1 日实施。

（二）车辆识别代码（VIN）基本内容

车辆识别代码由 3 个部分组成：第一部分，世界制造厂识别代码（WMI）；第二部分，车辆说明部分（VDS）；第三部分，车辆指示部分（VIS），如图 2-22 所示。

1．车辆识别代码（VIN）的第一部分 WMI

车辆识别代码（VIN）的第一部分 WMI 是世界制造厂识别代码，必须经过申请，批准和备案后方能使用。车辆识别代码由 3 个字码组成。

第 1 位：生产地理区域代码。

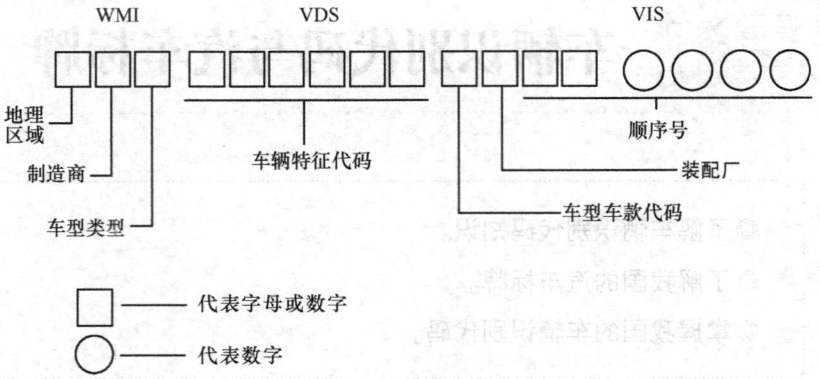

图 2-22　车辆识别代码

如 1 是美国、2 是加拿大、3 是墨西哥、6 是澳大利亚、9 是巴西、J 是日本、K 是韩国、L 是中国、R 是中国台湾、S 是英国、T 是瑞士、V 是法国、W 是德国、Y 是瑞典、Z 是意大利。

第 2 位：汽车制造商代码。

如 B—BMW、M—Hyundai、N—Nissan、J—jeep、T—Toyota、F—Ford、Y—Mazda 等。

第 3 位：车型类型代码。没有统一规定，不同的厂家有不同的解释。

中国的 WMI 前两位字码 LA～LO，它规定了在中国境内生产的汽车产品的 WMI 编码必须在该区段内。如常见的国内汽车制造厂的 WMI 编码、LDC 神龙富康、LKD 哈飞汽车 LHG 广州本田 LEN 北京吉普、LSV 上海大众，LSG 上海通用、LFV 一汽大众、LS5 长安汽车等。

2．车辆识别代码（VIN）的第二部分 VDS

车辆识别代码（VIN）的第二部分 VDS，是车辆特征和校验代码，第 4～9 位，由六位字码组成。

第4～8位：轿车的种类、系列、车身类型、发动机类型及约束系统类型。

客车的种类、系列、车身类型、发动机类型及制动系统。

多功能MPV的种类、系列、车身类型、发动机类型及车辆额定总质量。

载货车的种类、系列、驾驶室类型、底盘类型、制动系统及发动机类型及车辆额定总质量。

如上海汽车大众汽车有限公司生产的轿车的车辆特征。

第4位：车身形式代码，见表2-2。

表2-2 车身形式代码对照表

第4位代码	车身形式	第4位代码	车身形式
A	4门折背车身	F	4门短背式车身
B	4门直背车身	H	4门加长型折背车身
C	4门加长型折背车身	K	2门短背式车身
E	4门加长型折背车身		

第5位：发动机/变速器代码，见表2-3。

表2-3 发动机/变速器代码对照表

第5位代码	发动机/变速器	第5位代码	发动机/变速器
A	JV（026A）/AHM（014.K）	C	JV（026A）/2P（013.9）
B	JV（026A）+LPG/AHM（014.K）	J	AYJ（06BC）/FNV（01N.A）

第6位：乘员保护系统代码，见表2-4。

表2-4 乘员保护系统代码对照表

第6位代码	乘员保护系统	第6位代码	乘员保护系统
0	安全带	4	安全气囊（驾驶员和副驾驶员）
1	安全气囊（驾驶员）	5	安全气囊（驾驶员和副驾驶员、前座后侧面、头部）
2	安全气囊（驾驶员和副驾驶员、前座侧面）	6	安全气囊（驾驶员和副驾驶员、前座侧面、头部）
3	安全气囊（驾驶员和副驾驶员、前座侧面）		

第 7～8 位：车辆等级代码，见表 2-5。

表 2–5 车辆等级代码对照表

第 7～8 位代码	车辆等级	第 7～8 位代码	车辆等级
9F	上海帕萨特轿车	5X	上海高尔轿车
9J	上海波罗轿车	33	上海桑塔纳轿车

第 9 位：校验代码。

3．车辆识别代码（VIN）的第三部分 VDI，车辆说明代码，10～17 位，由 8 位字码组成。

第 10 位：车辆生产年份代码，见表 2-6。

表 2–6 标示年份的代码对照表

年份	代码	年份	代码	年份	代码	年份	代码
1971	1	1981	B	1991	M	2001	1
1972	2	1982	C	1992	N	2002	2
1973	3	1983	D	1993	P	2003	3
1974	4	1984	E	1994	R	2004	4
1975	5	1985	F	1995	S	2005	5
1976	6	1986	G	1996	T	2006	6
1977	7	1987	H	1997	V	2007	7
1978	8	1988	J	1998	W	2008	8
1979	9	1989	K	1999	X	2009	9
1980	A	1990	L	2000	Y	2010	A

第 11 位：总装工厂代码。

第 12～17 位：车辆制造顺序号。

（三）中国第一汽车集团公司 VIN 中各代码（号）内容含义规范及其编制规则

第 1～3 位代码：生产地理区域、制造厂商和车型类型，见表 2-7。

表 2–7　　中国第一汽车集团公司生产国别、制造厂商和车型类型对照表

1～3 位代码	生产国别、制造厂商和车型类型	1～3 位代码	生产国别、制造厂商和车型类型
LFN	中国第一汽车集团公司，非完整车辆	LFB	中国第一汽车集团公司，客车
LFT	中国第一汽车集团公司，挂车	LFS	中国第一汽车集团公司，特种车
LFP	中国第一汽车集团公司，轿车	LFV	中国第一汽车集团公司，轿车（一汽大众公司生产）
LFM	中国第一汽车集团公司，多用途乘用车	LFW	中国第一汽车集团公司，载货汽车
LFD	备用		

第 4 位代码：车辆品牌，见表 2-8。

表 2–8　　车辆品牌对照表

第 4 位代码	车辆品牌	第 4 位代码	车辆品牌	第 4 位代码	车辆品牌
J	解放牌	G	星光	T	太湖
H	红旗牌	K	远达	U	凌河
A	环都	L	吉林	X	雄风
B	罗福	M	红塔	Y	远征
C	长白山	N	蓝箭	Z	中海
D	德力	P	蓬翔		
E	凤凰	R	西南五十铃		
F	先锋	S	四环		

第 5 位代码：发动机排量代码，见表 2-9。

表 2–9　　发动机排量代码对照表

第 5 位代码	发动机排量	第 5 位代码	发动机排量
1	小于等于 1L	7	3.1～3.5L
2	1.1～1.3L	8	3.6～4.0L
3	1.4～1.6L	A	4.1～4.5L
4	1.7～2.0L	B	4.6～5.0L
5	2.1～2.5L	C	大于 5.0L
6	2.6～3.0L		

第 6 位代码：发动机类型及驱动形式代码见表 2-10。

表 2–10　　发动机类型及驱动形式代码对照表

第 6 位代码	发动机类型及驱动形式	第 6 位代码	发动机类型及驱动形式
A	汽油机，前置，前轮驱动	1	柴油机，前置，前轮驱动
B	汽油机，前置，后轮驱动	2	柴油机，前置，后轮驱动
C	汽油机，前置，全轮驱动	3	柴油机，前置，全轮驱动
D	汽油机，后置，前轮驱动	4	柴油机，后置，前轮驱动
E	汽油机，后置，后轮驱动	5	柴油机，后置，后轮驱动
F	汽油机，后置，全轮驱动	6	柴油机，后置，全轮驱动

第 7 位代码：车身形式代码，见表 2-11。

表 2–11　　车身形式代码对照表

第 7 位代码	车身形式	第 7 位代码	车身形式
A	二门折背式	E	四门直背式
J	六门舱背式	N	二门敞篷车
B	四门折背式	F	六门直背式
K	二门短背式	P	四门敞篷车
C	六门折背式	G	二门舱背式
L	四门短背式	R	六门敞篷车
D	二门直背式	H	四门仓背式
M	六门短背式	S	检阅车

第 8 位代码：安全保护装置代码，见表 2-12。

表 2–12　　安全保护装置代码对照表

第 8 位代码	安全保护装置	第 8 位代码	安全保护装置
A	手动安全带	1	自动安全带
B	手动安全带，驾驶员气囊	2	自动安全带，驾驶员气囊
C	手动安全带，驾驶员气囊及乘员气囊	3	自动安全带，驾驶员气囊及乘员气囊

第 9 位代码：工厂检验数字，用数字 0~9 或 X 表示。

第 10 位代码：车辆生产年份代码，见表 2-13。

表 2-13　　车辆生产标示年份的代码对照表

年份	代码	年份	代码	年份	代码	年份	代码
1998	W	2006	6	2014	E	2022	M
1999	X	2007	7	2015	F	2023	N
2000	Y	2008	8	2016	G	2024	P
2001	1	2009	9	2017	H	2025	R
2002	2	2010	A	2018	I	2026	S
2003	3	2011	B	2019	J	2027	T
2004	4	2012	C	2020	K		
2005	5	2013	D	2021	L		

第 11 位代码：生产装配厂，见表 2-14。

表 2-14　　生产装配厂代码对照表

第 10 位代码	生产装配厂	第 10 位代码	生产装配厂	第 10 位代码	生产装配厂
1	总装配厂	A	青岛汽车厂	L	柳州特种车厂
2	变型车厂	B	顺德汽车厂	M	芜湖一汽扬子汽车厂
3	专用车厂	C	长春轻型车厂	N	一汽北京汽车制造有限责任公司
4	客车底盘厂	D	大连客车厂	P	四平专用车厂
5	汽研中试厂	E	成都汽车厂	R	山东汽车改装厂
6	汽研中实改装车厂	F	延边汽车厂	S	一汽四环股份公司机动车厂
7	汽研联合改装车厂	G	一汽三友汽车制造有限公司	T	红塔云南汽车制造有限公司
8	第一轿车厂	H	哈尔滨轻型车厂	W	无锡汽车厂
9	第二轿车厂	J	吉林轻型车厂	X	无锡柴油机厂
0	重型车厂	K	凌源汽车制造有限公司	Z	四川专用车厂

第 12～17 位代码：工厂生产顺序号。

例如，车辆识别号（VIN）：L F P H 5 A B A 2 W 9 1 24 423 的含义如下。

LFP：中国第一汽车集团公司，轿车；H：红旗牌；5：发动机排量 2.1～2.5L；A：汽油机，前置，前轮驱动；B：四门折背式；A：手动安全带；W：1998 年生产；9：第二轿车厂生产；1 24 423：生产顺序号。

（四）中国北京吉普汽车有限公司（BJC）VIN 中各代码（号）内容含义规范及其编制规

则第 1～3 位代码：生产地理区域、制造厂商和车型类型。

LE 中国北京吉普汽车有限公司（BJC）

第 3 位代码：车型类型代码，见表 2-15。

表 2-15　车型类型代码对照表

第 3 位代码	车型类型	第 3 位代码	车型类型
N	BJ2020 和 BJ2022 系列	4	BJ2021 系列

第 4 位：厂定最大总质量分级代码，见表 2-16。

表 2-16　厂定最大总质量分级代码对照表

第 4 位代码	最大总质量	第 4 位代码	最大总质量
D	1360kg	F	1815～2267kg
E	1360～1814kg	J	3176～3628kg

第 5 位：（按驱动车轮和转向盘位置区别）车型种类代码，见表 2-17。

表 2-17　（按驱动车轮和转向盘位置区别）车型种类代码对照表

第 5 位代码	车型种类	第 5 位代码	车型种类
J	4×4 左置转向盘	T	4×2 右置转向盘

第 6 位：对 BJ2020 和 BJ2022 系列的装配类型代码，见表 2-18。

表 2-18　对 BJ2020 和 BJ2022 系列的装配类型代码对照表

第 6 位代码	装配类型	第 6 位代码	装配类型
1	装配线上装配	2	经济型
2	非装配线上装配	6	中档型
		7	高档型

第 7 位：车身类型代码，见表 2-19。

第 8 位：发动机类型代码，见表 2-20。

表 2-19　车身类型代码对照表

第 7 位代码	车身类型	第 7 位代码	车身类型
1	2 门软顶	6	4 门软顶
2	2 门玻璃钢硬顶	7	4 门玻璃钢硬顶
3	2 门金属硬顶	8	4 门金属硬顶

表 2-20　　发动机类型代码对照表

第 8 位代码	发动机类型	第 8 位代码	发动机类型
A	2.2L 四缸化油器式汽油机	D	2.7L 四缸化油器式汽油机
W	2.5L 四缸化油器式汽油机	V	4L 六缸多点燃油喷射式汽油机
H	2.5L 四缸多点燃油喷射式汽油机	F	2.8L 柴油机

第 9 位：工厂检验代码。

第 10 位：车辆生产年份代码，见表 2-21。

表 2-21　　车辆生产标示年份的代码对照表

年份	代码	年份	代码	年份	代码	年份	代码
1998	W	2006	6	2014	E	2022	M
1999	X	2007	7	2015	F	2023	N
2000	Y	2008	8	2016	G	2024	P
2001	1	2009	9	2017	H	2025	R
2002	2	2010	A	2018	I	2026	S
2003	3	2011	B	2019	J	2027	T
2004	4	2012	C	2020	K		
2005	5	2013	D	2021	L		

第 11 位：装配工厂代码。

5：北京吉普汽车有限公司总装厂。

第 12～17 位：出厂顺序号代码。

例如，车辆识别号：L E 4 E J 6 8 W A W 5 7 0 0 3 2 1 的含义如下所述。

LE：中国北京吉普汽车有限公司；4：BJ2021 系列；E：最大总质量 1360～1814 kg；J：4×4 左置转向盘；6：中档型；8：4 门金属硬顶；W：2.5 L 四缸化油器式汽油机；W：1998 年生产；5：北京吉普汽车有限公司总装厂生产；7 0 0 3 2 1：工厂生产顺序号。

二、汽车标牌

我国《道路车辆产品标牌》（GB/T 18411—2001）对道路车辆产品标牌的内容、形式、固定位置及固定要求。

（一）标牌的内容

1．规定区的内容要求

（1）标示出汽车制造厂厂标、商标或品牌的文字或图案。

（2）标示出汽车制造厂合法的名称全称及备案的世界制造厂识别代码（WMI）。

（3）如果车辆通过了形式认证，标示出形式认证编号。

（4）标示出进行备案了的车辆识别代码（VIN）。

（5）应标示出汽车制造厂编制的汽车的产品型号。

（6）应标示出发动机型号、最大净功率或排量。

（7）应标示出汽车的主要参数。

① 对于载货汽车应标示出最大设计总质量、最大设计装载质量、座位数。

② 对于客车应标示出最大设计总质量、额定载客人数。

③ 对于乘用车应标示出最大设计总质量、座位数。

④ 对于半挂牵引车应标示牵引座上最大设计静载荷、牵引销孔直径、最大设计牵引质量。

⑤ 对于特种车应标示出能够反映出其主要功能的技术参数。

⑥ 对于非完整车辆应标示出整备质量、最大设计总质量。

⑦ 对于半挂车应标示牵引销直径、作用在牵引车上的最大设计静载荷、最大设计总质量、外形尺寸（长、宽、高）。

⑧ 对于半挂车应标示作用在连接装置上的最大设计静载荷、外形尺寸（长、宽、高）。

（8）应标示出汽车产品的生产序号。

（9）应至少标示出汽车产品的生产年月。

（二）汽车标牌形式

1．载货汽车标牌

如上海汇众汽车制造有限公司生产的某一型号的大通牌载货汽车，如图 2-23 所示。

上海汇众汽车制造有限公司　制造

LSHA12A29XA000001

（如果车辆通过了形式认证，标示出形式认证编号）

品牌：大通牌　型号：

发动机型号：

发动机最大净功率：　kW　最大设计总质量：　kg

最大设计装载质量：　kg　座位数：

生产序号：　　生产日期：□□□□年□□月

（此处同时还可以增加有关车辆的一些技术参数。）

图 2-23　载货汽车标牌

2．客车标牌

如上海电车厂生产的某一型号的浦江牌客车，如图 2-24 所示。

上海电车厂　制造
LSKAOIBI9WBOO1624
（如果车辆通过了形式认证，标示出形式认证编号）
品牌：浦江牌　型号：
发动机型号：
发动机最大净功率：　kW　额定载客人数：
最大设计总质量：　kg
生产序号：　生产日期：□□□□年□□月

（此处同时还可以增加有关车辆的一些技术参数。）

图 2-24　客车标牌

3．乘用车标牌

如上海大众汽车有限公司生产的某一型号的桑塔纳牌乘用车，如图 2-25 所示。

上海大众汽车有限公司　制造
LSVBCGC26XC000001
（如果车辆通过了形式认证，标示出形式认证编号）
品牌：桑塔纳牌　型号：
发动机型号：
发动机最大净功率：　kW　座位数：
最大设计总质量：　kg
生产序号：　生产日期：□□□□年□□月

（此处同时还可以增加有关车辆的一些技术参数。）

图 2-25　乘用车标牌

4．半挂牵引车标牌，如图 2-26 所示。

（制造厂名称）制造
（VIN）
（如果车辆通过了形式认证，标示出形式认证编号）
品牌：　型号：
发动机型号：　牵引座上最大设计静载荷：　kg
牵引销孔直径：　mm　最大设计牵引质量：　kg
生产序号：　生产日期：□□□□年□□月

（此处同时还可以增加有关车辆的一些技术参数。）

图 2-26　半挂牵引车标牌

5．特种车标牌，如图 2-27 所示。

（制造厂名称）WMI： （抄写底盘 VIN） （如果车辆通过了形式认证，标示出形式认证编号） 品牌：　　型号： 发动机型号： 发动机最大净功率：　kW （反映车辆功能的主要技术参数） 生产序号：　　　生产日期：□□□□年□□月 车辆是在★★★★生产的☆☆☆☆型号的非完整车辆的基础上进行制造。 （此处同时还可以增加有关车辆的一些技术参数。）

图 2-27　特种车标牌

6．半挂车标牌

如第一汽车集团公司生产的某一型号的解放牌半挂车，如图 2-28 所示。

第一汽车集团公司　制造 LFTXFTJ29YPO00126 （如果车辆通过了形式认证，标示出形式认证编号） 品牌：解放牌　　　型号： 牵引销工作直径：mm 外形尺寸（长×宽×高）：mm×　　mm×　　mm 作用在牵引车上的最大设计静载荷：　kg 最大设计总质量：　kg 生产序号：　　　生产日期：□□□□年□□月 （此处同时还可以增加有关车辆的一些技术参数。）

图 2-28　半挂车标牌

7．全挂车标牌，如图 2-29 所示。

（制造厂名称）制造 （VIN） （如果车辆通过了形式认证，标示出形式认证编号） 品牌：　　型号： 作用在连接装置上的最大设计静载荷：　kg 最大设计总质量：　kg 外形尺寸（长×宽×高）：mm×　　mm×　　mm 生产序号：　　　生产日期：□□□□年□□月 （此处同时还可以增加有关车辆的一些技术参数。）

图 2-29　全挂车标牌

实例 1：上海通用 BUICK 乘用车标牌，如图 2-30 所示。

实例 2：北京现代乘用车标牌，如图 2-31 所示。

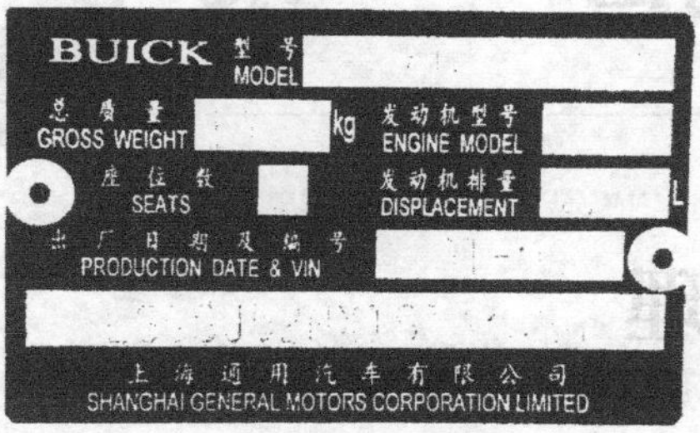

图 2-30 上海通用 BUICK 乘用车标牌

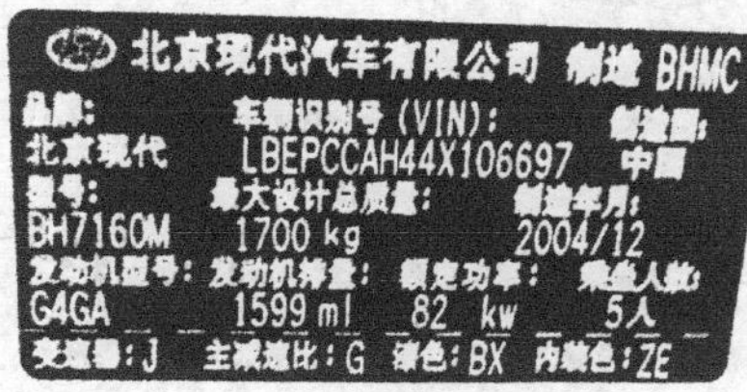

图 2-31 北京现代乘用车标牌

（三）标牌的位置

每一辆车都应有标牌。标牌应位于汽车右侧，如受结构限制，也可放在便于接近和观察的其他位置。例如，半承载式车身、非承载式车身结构的汽车在右纵梁上，一厢式车身的汽车在车身内部右侧，两厢式车身、三厢式车身的汽车在发动机舱内右侧。

车辆标牌、发动机、底盘号的位置实例（以一汽大众生产的捷达车为例）。

1．车辆标牌

车辆标牌位于发动机机舱右围板处。

2．发动机号

发动机号位于缸体和缸盖结合处的缸体前端。此外，齿型皮带罩上有一个条形码不干胶标签，其上标出了发动机号码。

3．车辆识别号（底盘号）

车辆识别号标在发动机机舱前端围板处，通过排水槽盖上的小窗口即可看到底盘号。

4．整车数据不干胶标签

整车数据不干胶标签贴在行李舱后围板左侧，其上有：生产管理号、车辆识别号、车型代码、车型说明、发动机和变速箱代码、油漆号/内饰代码、选装件号等数据。

【趣味知识】未来汽车的发展方向

1．柴油机被更多的轿车所采用。

2．混合动力以及电动汽车将大规模推广使用。

3．汽车安全标准将会更加严格。

4．使用更多替代钢的轻型材料，以降低车重。

5．各种电子装置将在汽车上更多地应用。

6．载货汽车的动力装置将更加先进。

7．排放法规将更加严格。

项目三 3 汽车的基本构造

单元一 汽车行驶原理

学习目标

◎了解汽车行驶基本原理。

◎了解汽车行驶中各种力的分析。

◎掌握汽车行驶基本原理。

汽车的行驶，主要是依靠汽车的驱动力的作用，如图 3-1 所示。如果汽车的驱动力足以克服汽车的滚动阻力、上坡阻力、惯性阻力和空气阻力等各种行驶阻力时，汽车便能行驶。

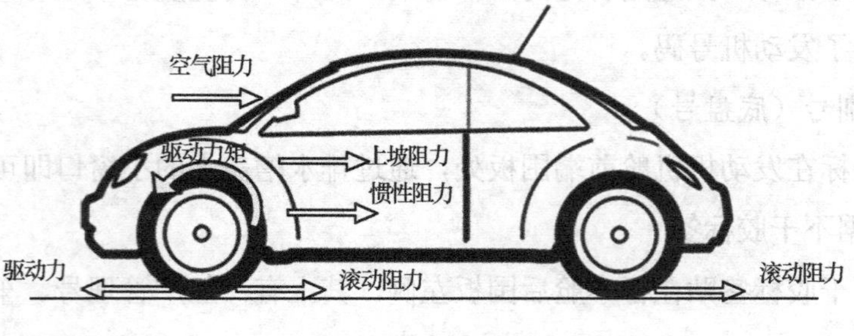

图 3-1 汽车行驶原理

一、汽车的驱动力

汽车的驱动力来自于发动机，发动机所产生的转矩，经传动系统传给驱动轮，使驱动轮上产生驱动力矩，对地面产生一个向后的推力，地面就给驱动轮一个相应的反作用力，这个反作用力就是推动汽车向前行驶的驱动力或叫牵引力。当驱动力足够大时，便可克服汽车的各个行驶阻力驱动汽车行驶。

驱动力的大小决定于发动机通过传动系统输送给驱动轮的驱动转矩和地面附着力。驱动力的最大值固然取决于发动机的最大转矩和传动系的传动比，但实际发出的驱动力还受到轮胎与路面之间的附着性能的限制。当驱动轮给予地面推力时，地面受力变形，此时地面的反作用力，不但不增加，反而减小。因而，汽车不能行驶。过大的驱动轮力矩只能使车轮空转（打滑）。例如汽车在泥泞道路上行驶，常常发生这种情况。

二、汽车的行驶阻力

行驶阻力主要有汽车的滚动阻力、上坡阻力、惯性阻力和空气阻力等。

1．滚动阻力

车轮滚动时轮胎与路面变形而产生的阻力。其大小与路面的结构和状况、轮胎的结构和气压、汽车总质量等有关。

2．空气阻力

汽车行驶时，汽车与其周围空气相互作用而产生的阻力。这个阻力是由空气涡流的压力，车后气压降低的吸力及空气与汽车表面的摩擦力所构成的。其大小与汽车的正投影面积、车身曲线和车速等有关。

3．上坡阻力

汽车上坡时，汽车的总质量沿平行路面的分力要使汽车后退。这一总质量的分力就叫上坡阻力。阻力的大小和汽车的总质量、坡度大小成正比。

4．惯性阻力

汽车的惯性阻力是因汽车的惯性作用而产生的。惯性阻力的大小与汽车的重量和速度成正比。惯性阻力在汽车起步和加速时阻止汽车前进；在减速停车时，又产生继续使汽车向前的推力。因此，汽车在起步和加速时，驱动力必须克服因惯性而产生的阻力。

驱动力与总行驶阻力的关系：

当驱动力等于各行驶阻力之和时，汽车匀速行驶；

当驱动力大于各行驶阻力之和时，汽车加速行驶；

当驱动力小于各行驶阻力之和时，汽车减速或停驶。

【趣味知识】

1．什么是ASR?

ASR 即牵引力控制系统或驱动防滑系统，其目的就是要防止车辆（尤其是大功率的车），在起步、加速时出现驱动轮打滑现象，以维持车辆行驶方向的稳定性。特别是在由于下雨、下雪、路面冰冻等造成摩擦力较小的湿滑路面上，当汽车加速时将滑动率控制在一定的范围内，从而防止驱动轮快速滑动。它的功能一是提高牵引力，二是保持汽车的行驶稳定。

ASR 如果和 ABS（制动防抱死系统）相互配合使用，将进一步增强汽车的安全性能。牵引力控制系统和 ABS 可共用车轴上的轮速传感器，并与行车电脑连接，不断监视各轮转速，当在低速发现打滑时，牵引力控制系统会立刻通知 ABS 动作来减低此车轮的打滑。若在高速发现打滑时，牵引力控制系统立即向行车电脑发出指令，指挥发动机降速或变速器降挡，使打滑车轮不再打滑，防止车辆失控甩尾。

2．什么是 ABS？

“ABS”中文译为“防抱死制动系统”。它是一种具有防滑、防锁死等优点的汽车安全控制系统。ABS 是基于常规制动装置基础上的改进型技术，可分机械式和电子式两种。现代汽车上大量安装防抱死制动系统，ABS 既有普通制动系统的制动功能，又能防止车轮锁死，使汽车在制动状态下仍能转向，保证汽车的制动方向稳定性，防止产生侧滑和跑偏，如图 3-2 所示。

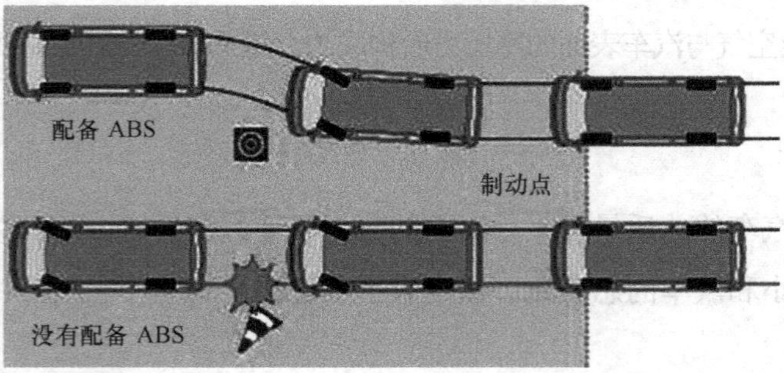

图 3-2　汽车在制动状态下的示意图

单元二　汽车总体构造

学习目标

◎了解汽车的总体构造。

◎认识汽车构造主要零部件名称。

◎认识汽车车身构造和汽车电器设备主要零部件名称。

◎掌握汽车整车几何参数测量方法。

◎掌握汽车构造主要零部件的安装位置关系。

一、汽车总体构造组成

汽车一般由发动机、底盘、车身和电气设备 4 个基本部分组成，如图 3-3 所示。

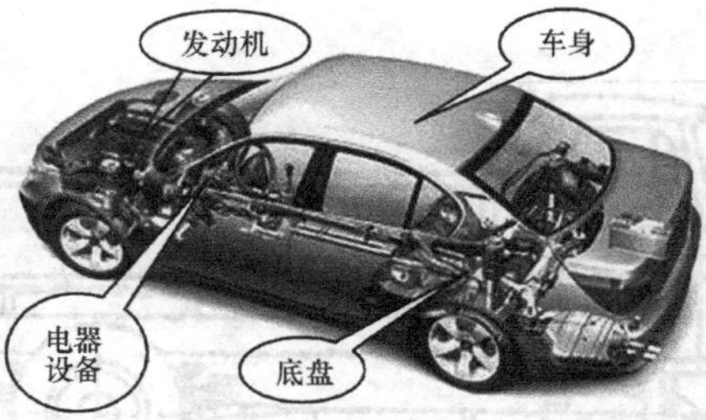

图 3-3 汽车总体构造

（一）汽车发动机

发动机的作用是使供入其中的燃料燃烧后，产生的热能转换为发动机曲轴旋转的动能，从而发出动力。发动机使用的燃料有汽油、柴油和代用燃料液化石油气（LPG）、压缩天然气（CNG）等。大多数汽车都采用往复活塞式内燃机，它是由机体、曲柄连杆机构、配气机构、供给系、冷却系、润滑系、点火系（汽油发动机采用）、起动系 8 部分组成。

（二）汽车底盘

汽车底盘的作用是支撑、安装汽车发动机及其各个系统总成部件，形成汽车的整体形状，并接受发动机的动力，使汽车产生运动，并保证汽车按照驾驶员的操纵正常行驶。底盘由传动系、行驶系、转向系和制动系 4 部分组成。

传动系将发动机的动力传递给驱动车轮。它包括有离合器、变速器、传动轴、驱动桥等部件。

行驶系将汽车各总成及部件连成一个整体并对全车起支撑作用，以保证汽车正常行驶。行驶系包括车架、前轴、驱动桥的壳体、车轮（包括转向轮和驱动轮）、悬架等部件。

转向系保证汽车能按照驾驶员选择的方向行驶，由转向盘的转向器及转向传动装置组成。

制动装置使汽车减速或停车，并保证驾驶员离开后汽车能可靠地停驻。每辆汽车的制动装备都包括若干个相互独立的制动系统，每个制动系统都由供能装置、控制装置、传动装置和制动器组成。

（三）汽车车身

车身是驾驶员工作的场所，也是装载乘客和货物的场所。车身应为驾驶员提供方便的操作条件，以及为乘客提供舒适安全的环境或保证货的完好无损。车身包括车身壳体、车门车窗、车身附件、内外装饰件、座椅等。

（四）汽车电气设备

汽车电气设备由电源组、发动机起动系和点火系、汽车照明和信号装置组成。此外，在现代汽车上愈来愈多地装用了各种电子设备：微处理机、中央计算机系统及各种人工智能装置等，显著提高了汽车的性能。

二、汽车整车几何参数测量

汽车整车几何参数测量，如图 3-4 所示。汽车整车技术参数测量记录表见表 3-1。

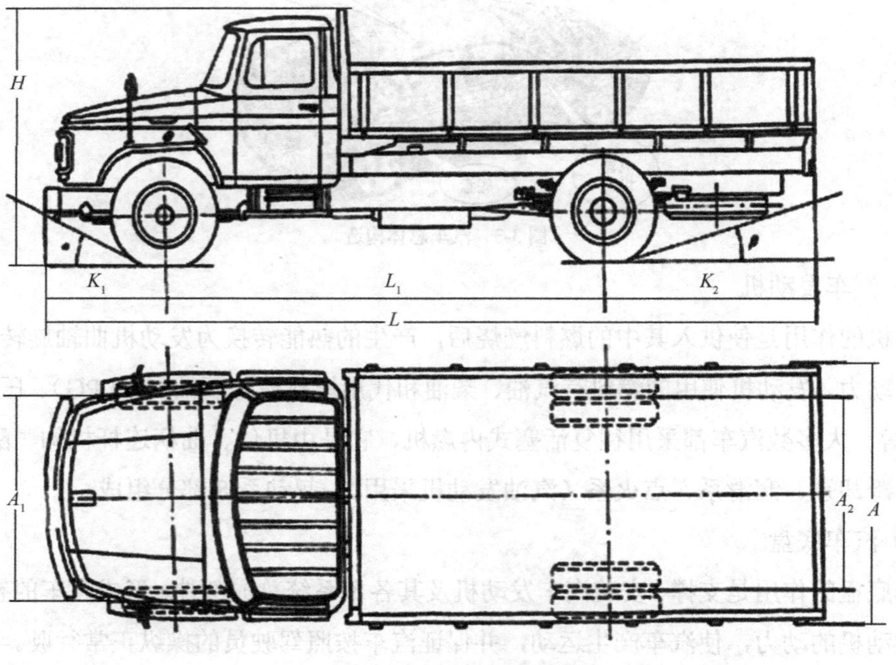

图 3-4 汽车整车几何参数示意图

表 3-1 整车技术参数测量记录表

车型	检测项目		测量结果
	前轴（kg）		
	后轴（kg）		
	总长 L（mm）		
	总宽 A（mm）		
	总高 H（mm）		
几何参数	轴距 L_1（mm）		
	轮距	前轮 A_1（mm）	
		后轮 A_2（mm）	
	行驶角	接近角 α（°）	
		离去角 β（°）	
	前悬 K_1（mm）		
	后悬 K_2（mm）		

1．整车装备质量（kg）

汽车完全装备好的质量，包括润滑油、燃料、随车工具、备胎等所有装置的质量。

2．最大总质量（kg）

汽车满载时的总质量。

3．最大装载质量（kg）

汽车在道路上行驶时的最大装载质量。

4．最大轴载质量（kg）

汽车单轴所承载的最大总质量。与道路通过性有关。

5．车长（mm）

汽车长度方向两极端点间的距离。

6．车宽（mm）

汽车宽度方向两极端点间的距离.

7．车高（mm）

汽车最高点至地面间的距离。

8．轴距（mm）

汽车前轴中心至后轴中心的距离。

9．轮距（mm）

同一车左、右轮胎胎面中心线间的距离。

10．前悬（mm）

汽车最前端至前轴中心的距离。

11．后悬（mm）

汽车最后端至后轴中心的距离。

12．最小离地间隙（mm）

汽车满载时，最低点至地面的距离。

13．接近角（°）

汽车前端突出点向前轮引的切线与地面的夹角。

14．离去角（°）

汽车后端突出点向后轮引的切线与地面的夹角。

15．转弯半径（mm）

汽车转向时，汽车外侧转向轮的中心平面在车辆支承平面上的轨迹圆半径。转向盘转到极限位置时的转弯半径为最小转弯半径。

16．最高车速（km/h）

汽车在平直道路上行驶时能达到的最大速度。

17. 最大爬坡度（%）

汽车满载时的最大爬坡能力。

18. 平均燃料消耗量（L/100km）

汽车在道路上行驶时每百公里平均燃料消耗量。

19. 车轮数和驱动轮数（$n \times m$）

车轮数以轮毂的数为计量依据，n 代表汽车的车轮总数，m 代表驱动轮数。

单元三 汽车发动机构造知识

学习目标

◎了解汽车发动机构造。

◎认识汽车发动机构造主要零部件名称。

◎掌握汽车发动机构造主要零部件名称。

◎掌握汽车发动机构造主要零部件的安装位置关系。

一、汽车发动机的分类

根据发动机燃烧燃料的不同，汽车发动机分为汽油发动机（见图 3-5）和柴油发动机（见图 3-6）。

图 3-5　汽油发动机

图 3-6　柴油发动机

（一）汽油发动机和柴油发动机的区别

1. 从发动机的表面结构区别

（1）柴油发动机的整体结构比汽油发动机的整体结构大，尤其是柴油发动机的飞轮比汽油发动机的飞轮大许多。

（2）汽油发动机有点火装置而柴油发动机没有点火装置，从汽油发动机的顶上可以看到高压电线和火花塞。从柴油发动机侧面可以看到喷油泵和高压油管。

2．可燃混合气的形成方式的区别

汽油机的可燃混合气的形成是在化油器的喉管以及在进气歧管内形成。柴油机的可燃混合气的形成是在发动机气缸内形成。

3．燃料着火方式不同的区别

汽油机的燃料燃烧方式是，可燃混合气在气缸内被压缩后，由点火系统点燃混合气。柴油机的燃料燃烧方式是，纯空气在气缸内被压缩后，缸内的温度达到柴油的燃点，将柴油喷入气缸内形成可燃混合气并自燃。

（二）从发动机外部结构观察识别缸数

1．汽油发动机的缸数可以通过观察高压电线或火花塞的数量来识别，高压电线或火花塞的数量就是缸的数量。

2．柴油发动机的缸数可以通过观察高压油管或喷油器的数量来识别，高压油管或喷油器的数量就是缸的数量。

（三）汽油发动机燃油供应方式的区别

1．化油器式汽油发动机

汽油发动机进气总管上安装一个称为化油器的装置如图 3-7 所示。化油器装置作为一个总 成，如图 3-8 所示，利用空气流动时在喉管处产生的负压，把汽油吸向节流阀体上部的进气通道中实现汽油的雾化、蒸发并与空气混合，配制出一定数量及浓度的可燃混合气，供入气缸，如图 3-9 所示。

图 3-7 化油器式汽油发动机结构示意图

图 3-8 化油器结构外形图

可燃混合气的进量由一个油门踏板操纵，它由化油器内的油门（节气门）所控制。由汽油泵泵入浮子室的油量则由浮子室内的浮子控制。浮子在浮子室内随着油量多少变化而升降，当浮子室内充满汽油时，浮子上浮，用它的针阀将进油口堵住。驾车人通过控制油门开度大小来改变发动机的转速，混合气的浓度是随着油门开大而逐渐变浓的。

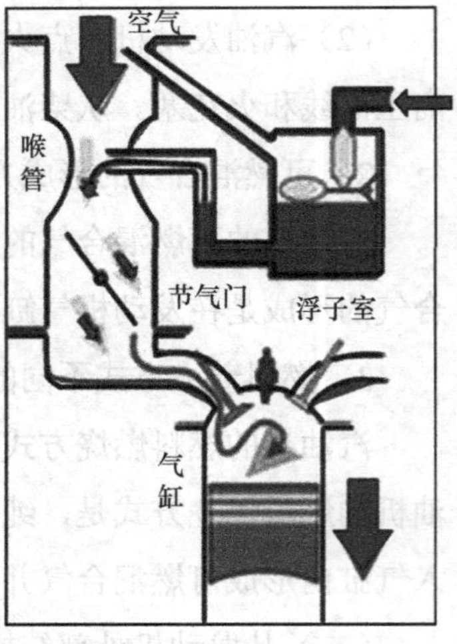

图 3-9　化油器工作原理图

2．燃油喷射式汽油发动机（见图 3-10）。

汽油发动机进气歧管喷射处安装有喷油器，如图 3-11 所示。喷油器利用控制装置提供的开阀信号，向进气通道喷射适量的汽油实现汽油的雾化、蒸发并与空气混合，配制出一定数量及浓度的可燃混合气，供入气缸，如图 3-12 所示。

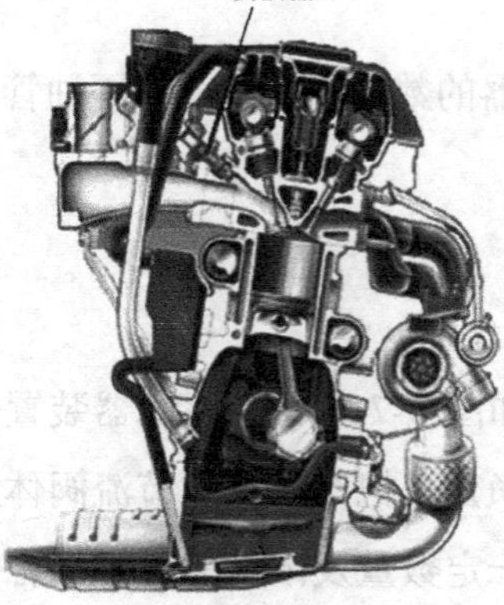

图 3-10　燃油喷射式汽油发动机结构示意图

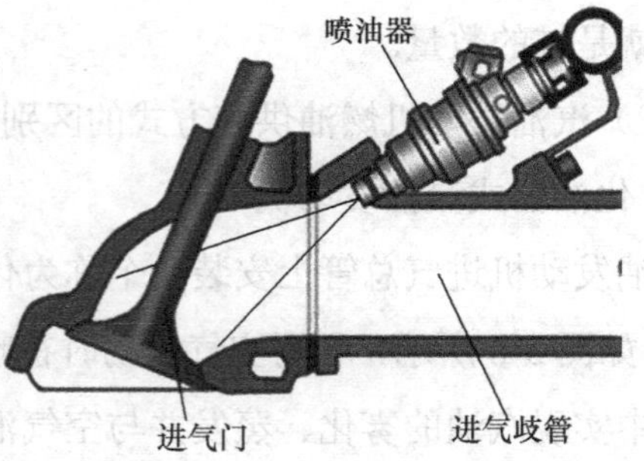

图 3-11　喷油器喷射部位示意图

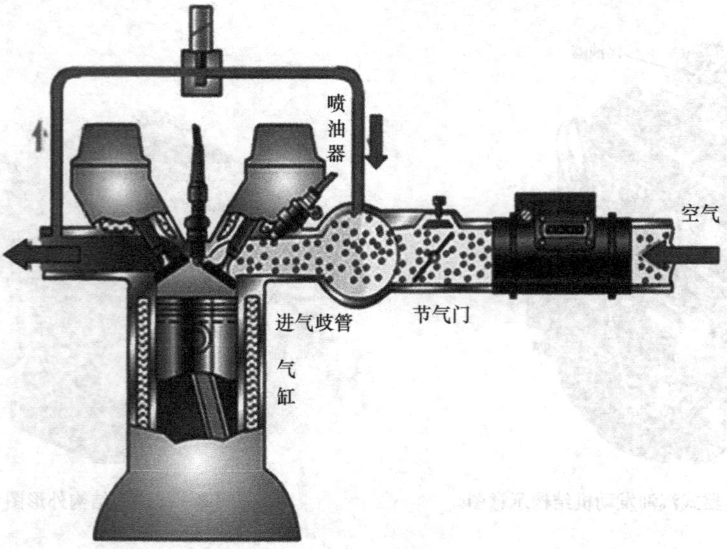

图 3-12　燃油喷射发动机工作原理图

二、发动机基本构造

汽油发动机由两大机构五大系组成：曲柄连杆机构、配气机构、燃料供给系、冷却系、润滑系、点火系、起动系，如图 3-13 和图 3-14 所示。柴油发动机由两大机构四大系组成，没有点火系。

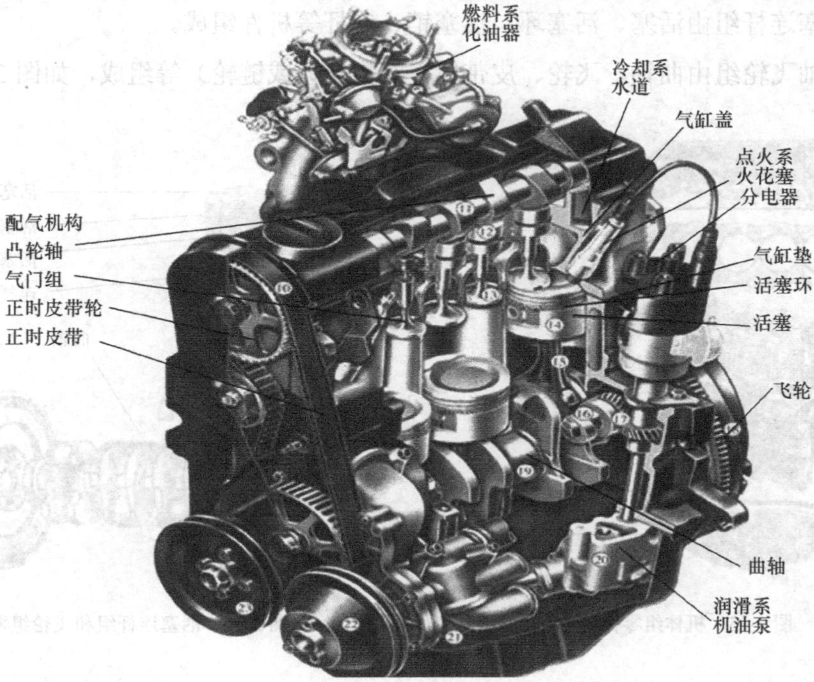

图 3-13 发动机构造图

（一）曲柄连杆机构

曲柄连杆机构的作用是使内燃机实现工作循环，完成能量转换的传动机构，用来传递力和改变运动方式。

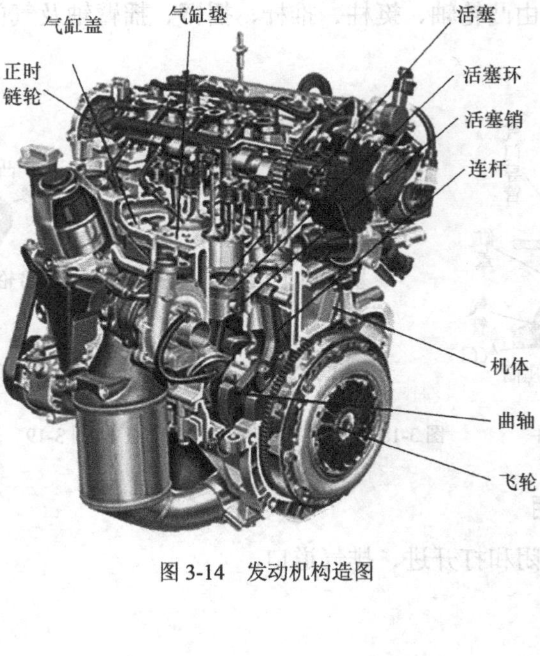

图 3-14 发动机构造图

曲柄连杆机构组成如下所述。

（1）机体组由机体、气缸盖、气缸盖罩、气缸衬垫以及油底壳等零部件组成，如图 3-15 所示。

（2）活塞连杆组由活塞、活塞环、活塞销、连杆等机件组成。

（3）曲轴飞轮组由曲轴、飞轮、皮带轮正时齿轮（或链轮）等组成，如图 3-16 所示。

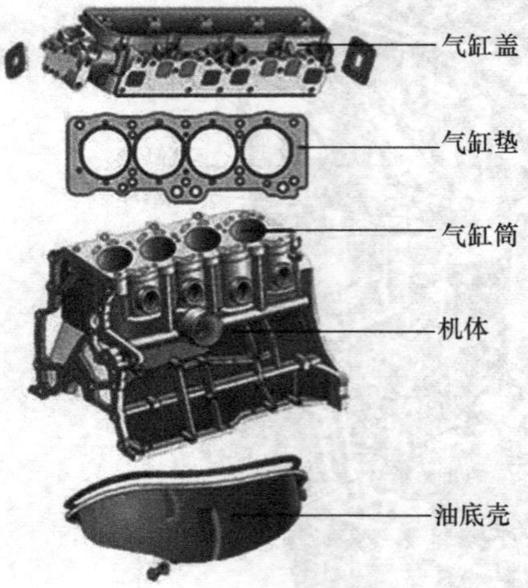

图 3-15　机体组零件

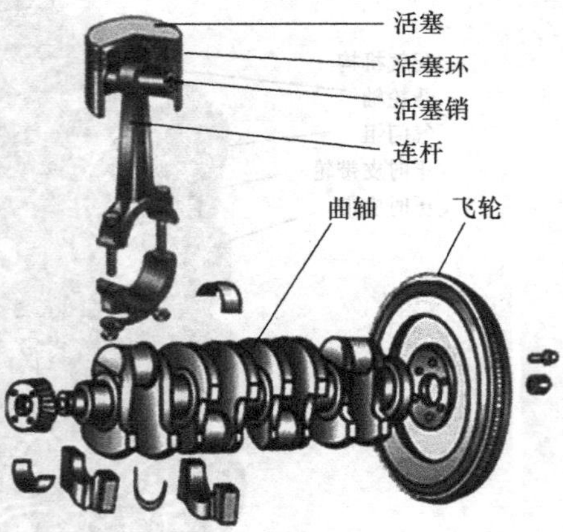

图 3-16　活塞连杆组和飞轮组零件

曲柄连杆机构在发动机体内，必须对发动机拆卸后才能看到。

（二）配气机构

1．配气机构的组成

（1）气门组，由气门、气门弹簧、气门锁片、气门座等组成，如图 3-17 所示。

（2）气门传动组，由凸轮轴、挺柱、推杆、摇臂、摇臂轴及气门调整螺钉等组成，如图 3-18 和图 3-19 所示。

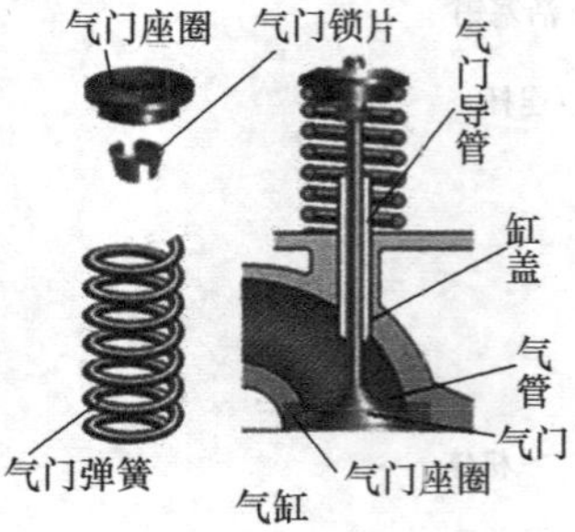

图 3-17　气门组零件

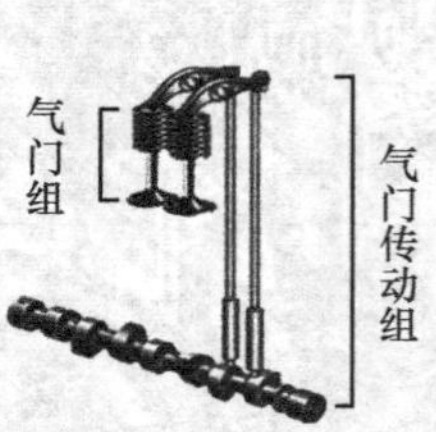

图 3-18　凸轮轴下置的气门传动组

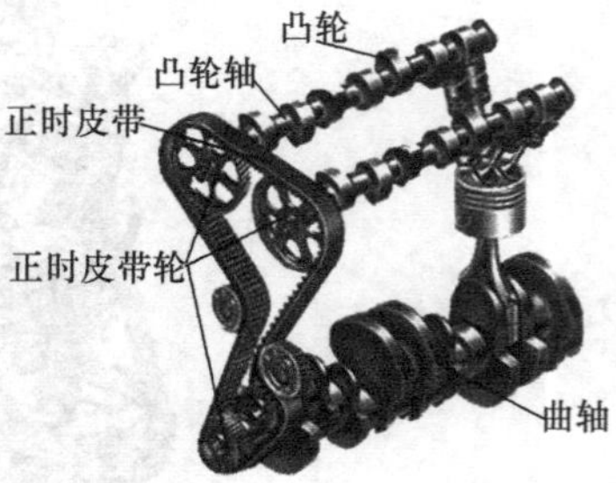

图 3-19　凸轮轴顶置的气门传动组

2．配气机构的作用

（1）气门组用来关闭和打开进、排气道口。

（2）气门传动组用来使关闭和打开进、排气门；控制气门开启与关闭时刻和开启与关闭的规律。

配气机构在发动机内部，拆卸气门罩即可看到。

（三）冷却系

冷却系将发动机工作中产生的高温进行冷却，保证发动机的正常工作。

冷却系一般由水箱、水泵、散热器、风扇、节温器、水温表和放水开关组成，如图3-20 所示。汽车发动机有两种冷却方式，即空气冷却和水冷却。一般汽车发动机多采用水冷却。

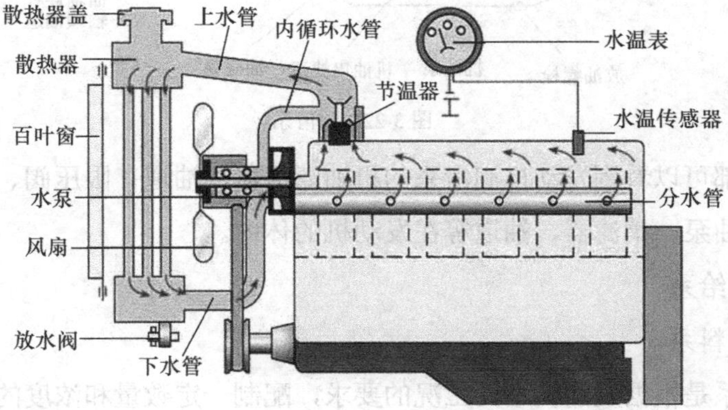

图 3-20　发动机冷却系

从发动机外部可以看到冷却系的补偿水箱、水泵、散热器（见图 3-21）、风扇、水温表和放水开关部分，而节温器和部分冷却管道在发动机体内。

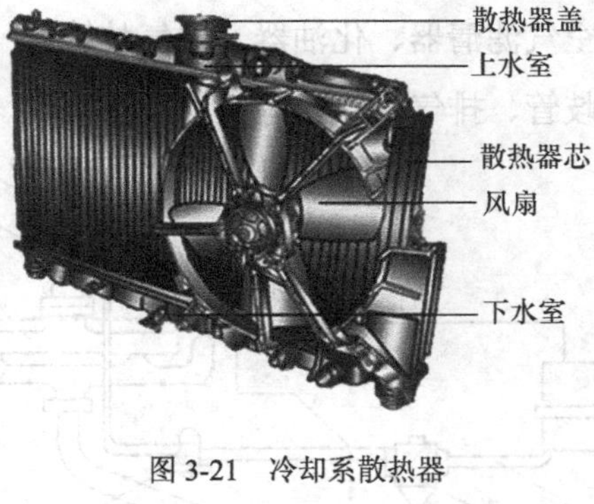

图 3-21　冷却系散热器

（四）润滑系

润滑系的主要作用就是对发动机主要摩擦零件进行润滑。

发动机润滑系由机油泵、集滤器、机油滤清器、油道、限压阀、机油表、感压塞及油尺等组成，如图 3-22 所示。

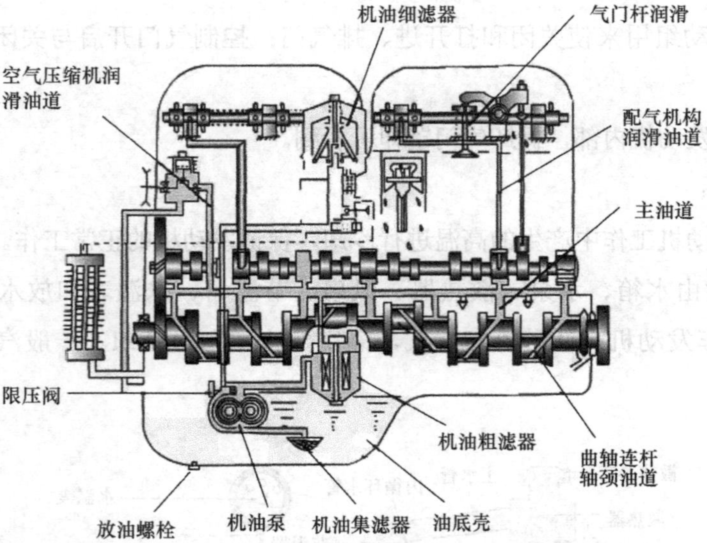

图 3-22 润滑系

从发动机外部可以看到发动机润滑系的机油滤清器、油道、限压阀、机油表、感压塞及油尺部分，而机油泵、集滤器、油道等在发动机的体内。

（五）燃料供给系

1．汽油机燃料系

汽油机燃料系是根据发动机不同工况的要求，配制一定数量和浓度的可燃混合气，供给气缸，并在燃烧做功后，将废气排至大气中。

汽油燃料系由汽油箱、汽油表、汽油管、汽油滤清器、汽油泵、化油器、空气滤清器、进排气歧管、消声器等组成，如图 3-23 所示。燃油喷射式汽油燃料供给系，如图 3-24 所示。

（1）燃料供给装置包含汽油箱、汽油滤清器、汽油泵、油管等。

（2）空气供给装置包含空气滤清器、化油器、进气歧管。

（3）排气装置包含排气歧管、排气消声器等。

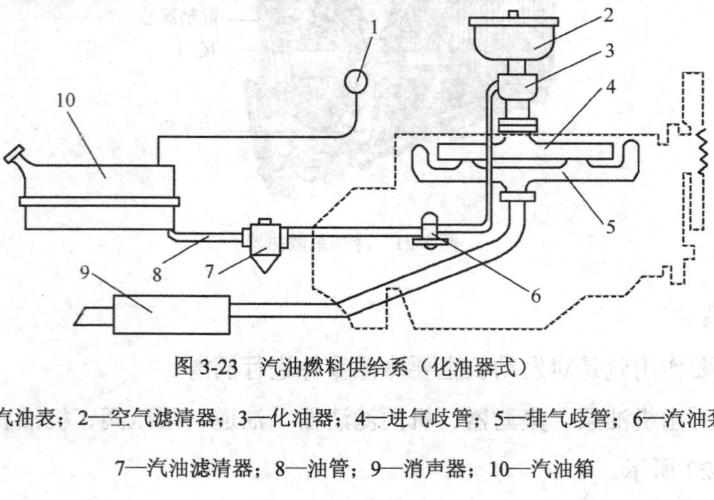

图 3-23 汽油燃料供给系（化油器式）

1—汽油表；2—空气滤清器；3—化油器；4—进气歧管；5—排气歧管；6—汽油泵；

7—汽油滤清器；8—油管；9—消声器；10—汽油箱

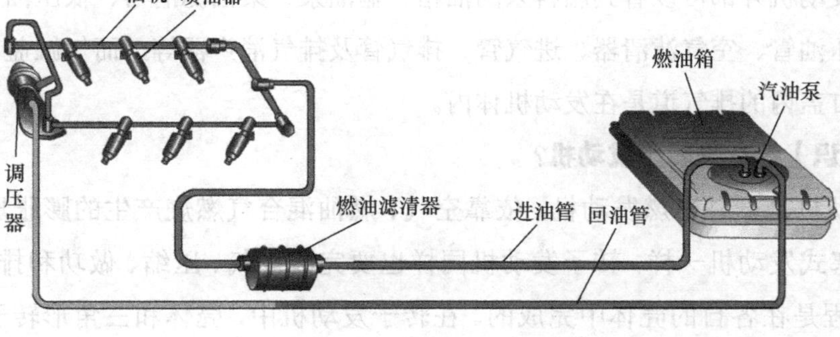

图 3-24 汽油燃料供给系（燃油喷射式）

从汽油发动机外部可以看到燃料系的汽油箱、汽油表、汽油管、汽油滤清器、汽油泵、化油器、空气滤清器、进排气歧管等，而有些汽车将汽油泵安装在油箱内。

2．柴油机燃料系

柴油机燃料系是根据柴油机的不同工况，将相应的燃油定时、定量、以一定的压力及喷油质量喷入燃烧室，迅速形成良好的混合气并燃烧。柴油机运转时，根据负荷变化调节供油量，稳定柴油机转速。将燃烧后的废气排出气缸。

柴油机燃料系由油箱、输油泵、柴油滤清器、低压油管、喷油泵、喷油器、高压油管、空气滤清器、进气管和气缸盖内的进气道、燃烧室、气缸盖内的排气道、排气管及排气消声器等组成，如图 3-25 所示。

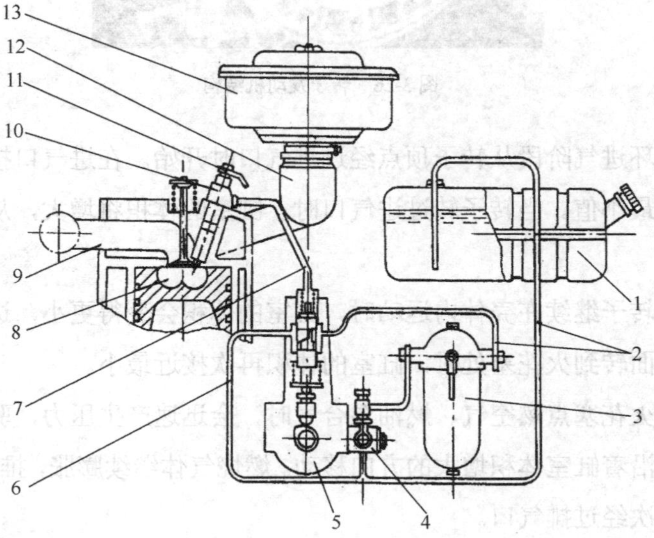

图 3-25 柴油机燃料供给系

1—油箱；2、6—低压油管；3—柴油滤清器；4—输油泵；5—喷油泵；7—高压油管

8—燃烧室；9、12—进气管；10—喷油器；11—回油管；13—空气滤清器

从柴油发动机外部可以看到燃料系的油箱、输油泵、柴油滤清器、低压油管、喷油泵、喷油器、高压油管、空气滤清器、进气管、排气管及排气消声器等，而气缸盖内的进气道、燃烧室、气缸盖内的排气道是在发动机体内。

【趣味知识】什么是转子发动机?

转子发动机是一种内燃发动机，依靠空气、燃油混合气燃烧产生的膨胀压力以获得转动力。与活塞式发动机一样，转子发动机同样也要完成进气、压缩、做功和排气 4 个行程，但是每个行程是在各自的壳体中完成的。在转子发动机中，壳体和三角形转子之间构成的密封室如图 3-26 所示。当转子在壳体内运动时，由转子构成的 3 个缸室的体积将发生变化。这种变化会产生一种泵的作用。

图 3-26　转子发动机结构

进气行程：循环进气阶段从转子顶点经过进气口时开始。在进气口接通缸室的那一刻，缸室的体积接近其最小值。当转子转过进气口时，缸室的体积将增大，从而将空气、燃油混合气吸入缸室。

压缩行程：当转子继续在壳体内运动时，缸室的体积会变得更小，进而压缩空气、燃油混合气。当转子的面转到火花塞处时，缸室的体积再次接近最小。

做功行程：当火花塞点燃空气、燃油混合气时，会迅速产生压力，驱动转子运动。燃烧的压力会驱动转子沿着缸室体积增大的方向移动。燃烧气体继续膨胀，推动转子并产生动力，直至转子的顶点再次经过排气口。

排气行程：当转子的顶点经过排气口时，高压燃烧气体会释放到排气装置中。当转子继续运动时，缸室开始压缩，迫使剩余废气排出。当缸室体积接近最小时，转子的顶点将经过进气口，整个循环再次开始。

单元四 汽车的底盘构造知识

学习目标

◎了解汽车底盘构造。

◎认识汽车底盘构造主要零部件名称。

◎掌握汽车底盘构造主要零部件名称。

◎掌握汽车底盘构造主要零部件的安装位置关系。

底盘的作用是支撑、安装汽车发动机及其各部件、总成，形成汽车的整体造型，并接受发动机的动力，使汽车产生运动，保证正常行驶。底盘由传动系、行驶系、转向系和制动系4部分组成，如图3-27和图3-28所示。

图3-27 汽车底盘构造

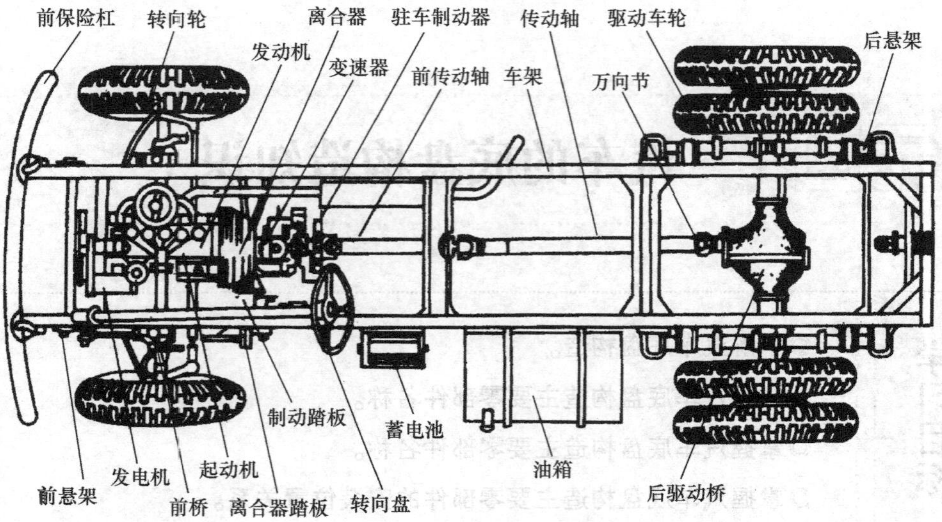

图 3-28 货车底盘

1．传动系

汽车发动机所发出的动力靠传动系传递到驱动车轮。传动系具有减速、变速、倒车、中断动力、轮间差速和轴间差速等功能，与发动机配合工作，能保证汽车在各种工况条件下的正常行驶，并具有良好的动力性和经济性。

传动系主要由离合器、变速器、万向节、传动轴和驱动桥等组成。

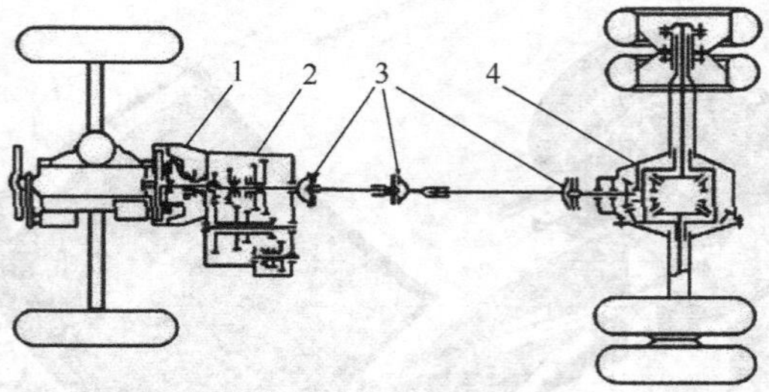

图 3-29 传动系传动原理图

1—离合器；2—变速器；3—万向传动装置；4—驱动桥

（1）离合器是传动系的第一个总成，其作用是使发动机的动力与传动装置平稳地接合或暂时地分离，以便于驾驶员进行汽车的起步、停车、换挡等操作。

离合器安装在发动机和变速器之间的离合器箱体内，箱体外部装有离合器操纵机构和离合器踏板连接，如图 3-30 所示。

（2）变速器由变速器箱体、变速器盖、第一轴、第二轴、中间轴、倒挡轴、齿轮、轴承、操纵机构等机件构成，用于汽车变速、变输出扭矩。

变速器安装在变速器箱体内，在离合器箱体后部，变速器箱体外部装有变速器操纵机构和变速杆连接，如图 3-31 所示。

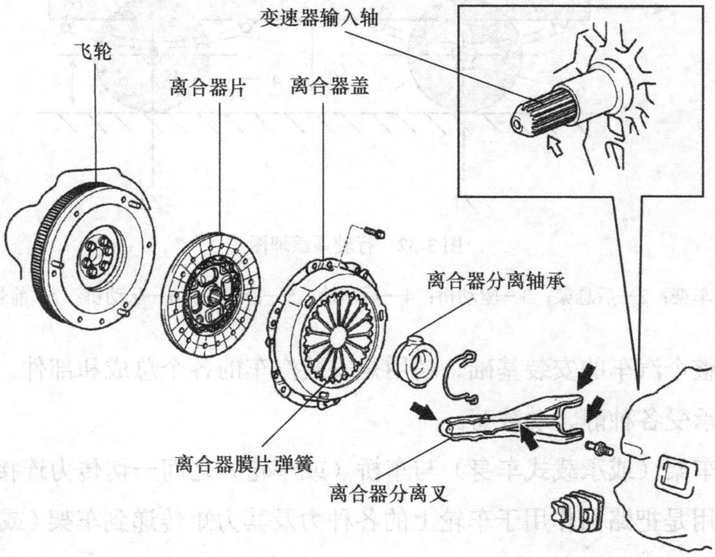

图 3-30　离合器零件图

图 3-31　变速器结构图

（3）万向传动装置由万向节和传动装置组成。功用是在轴线相交且相互位置经常变化的两转轴之间传递动力。

（4）驱动桥由主减速器、差速器、半轴和桥壳等组成。功用是将万向传动装置输入的动力经降速增矩、改变动力传递方向后，分配到左右驱动轮，使汽车行驶，并允许驱动轮以不同的转速旋转。

驱动桥是传动系的最后一个总成。在驱动桥壳体内装有主减速器、差速器、半轴等。

2．行驶系

行驶系由车架、车桥、悬架和车轮等组成，如图 3-32 所示。

行驶系的功用是将汽车连成一个整体并支承汽车的总质量，将传动系传来的转矩转化为汽车行驶的牵引力；承受并传递路面作用于车轮上的各种反力和力矩；缓和减震，保证汽车平顺行驶；与转向系配合，实现正确控制汽车的行驶方向。

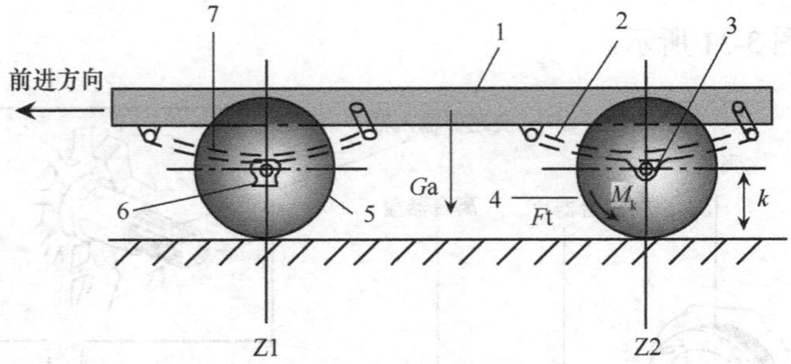

图 3-32　行驶系原理图

1—车架；2—后悬架；3—驱动桥；4—后车轮；5—前车轮；6—从动桥；7—前悬架

（1）车架是整个汽车的安装基础。功用是安装汽车的各个总成和部件，并使它们保持正确的相对位置，承受各种静、动载荷。

（2）悬架是车架（或承载式车身）与车桥（或车轮）之间一切传力连接装置的总称，如图 3-33 所示。功用是把路面作用于车轮上的各种力及其力矩传递到车架（或承载式车身）上，以保证汽车正常行驶。

（3）车桥结构如图 3-34 所示，车桥的功用是传递车架和车轮之间的作用力以及这些力所形成的力矩。

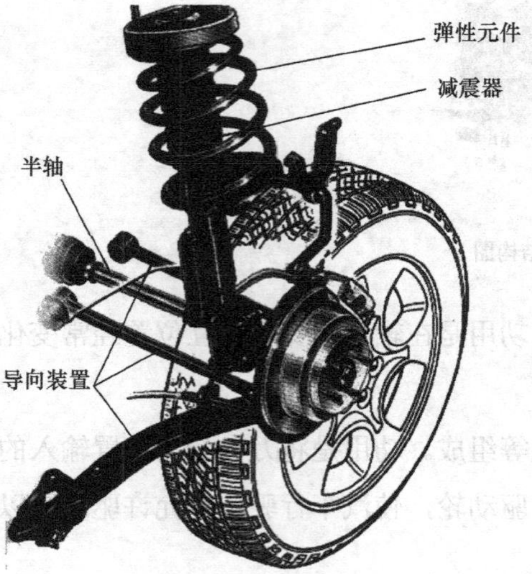

图 3-33　汽车悬架结构

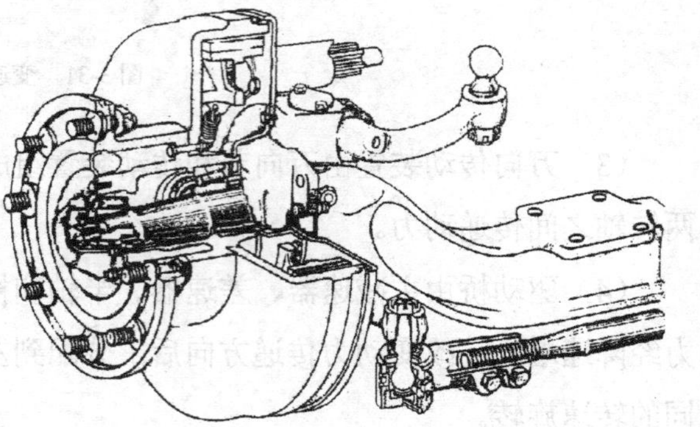

图 3-34　汽车车桥结构

（4）车轮外形如图 3-35 所示，车轮的功用是支承汽车的质量；传递汽车与路面之间的各种力和力矩；缓和由路面传来的冲击力；保证汽车的行驶方向。

3．转向系

汽车上用来改变或恢复其行驶方向的专设机构称为汽车转向系统，如图 3-36 所示。

图 3-35　汽车车轮

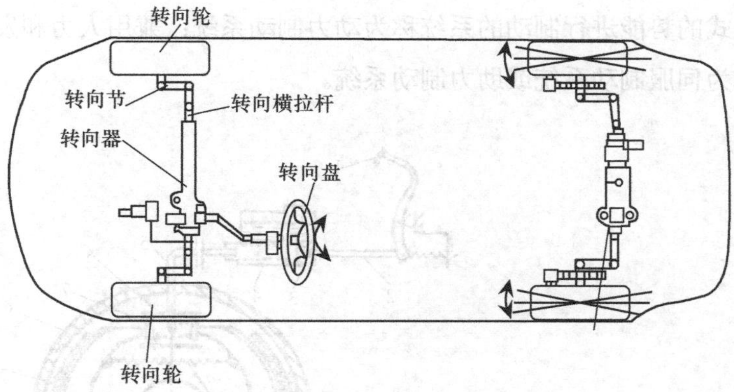

图 3-36　汽车转向系统

转向系统由转向操纵机构、转向器和转向传动机构组成，如图 3-36 和图 3-37 所示。

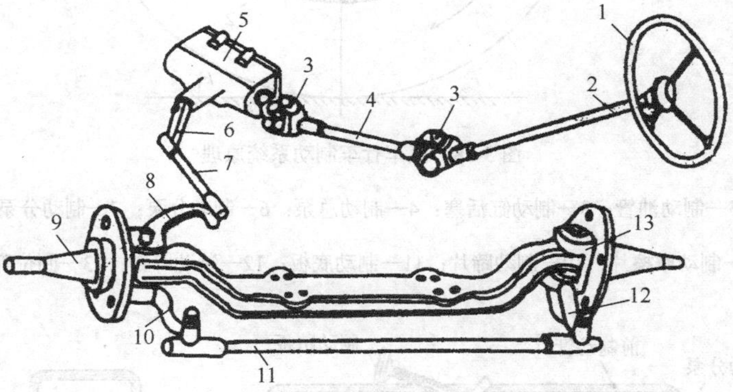

图 3-37　汽车转向结构

1—转向盘；2、4—转向杆柱；3—万向节；5—转向器；6—转向摇臂；7—转向拉杆；8—转向节臂；

9—转向节轴；10、12—转向梯形臂；11—转向横拉杆；13—转向节

4．制动系

制动系的作用是使行驶中的汽车按照驾驶员的要求进行强制减速甚至停车；使已停驶的汽车在各种道路条件下（包括在坡道上）稳定驻车；使下坡行驶的汽车速度保持稳定。

制动系统一般由制动操纵机构和制动器两个主要部分组成，如图 3-38 和图 3-39 所示。

（1）制动系统的分类及作用

每一辆汽车都必须具备行车制动系统和驻车制动系统。

用以使行驶中的汽车降低速度甚至停车的制动系统称为行车制动系统，如图 3-39 所示。用以使已停驶的汽车驻留原地不动的制动系统则称为驻车制动系统，如图 3-40 所示。

（2）制动操纵机构分类及作用

制动系统可分为人力制动系统、动力制动系统和伺服制动系统等。以驾驶员的肌体作为唯一制动能源的制动系统称为人力制动系统；完全靠由发动机的动力转化而成的气压或液压

形式的势能进行制动的系统称为动力制动系统；兼用人力和发动机动力进行制动的制动系统称为伺服制动系统或助力制动系统。

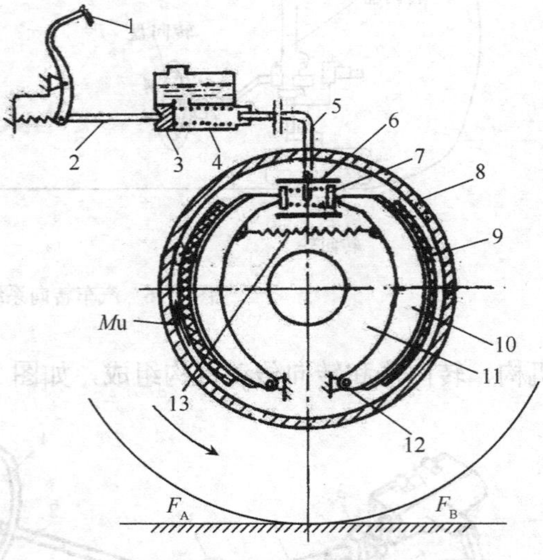

图 3-38　汽车行车制动系统原理

1—制动踏板；2、5—制动油管；3—制动缸活塞；4—制动总泵；6—制动分泵；7—制动分泵活塞；8—制动鼓；9—制动摩擦片；10—制动蹄片；11—制动底板；12—制动蹄销；13—回位弹簧

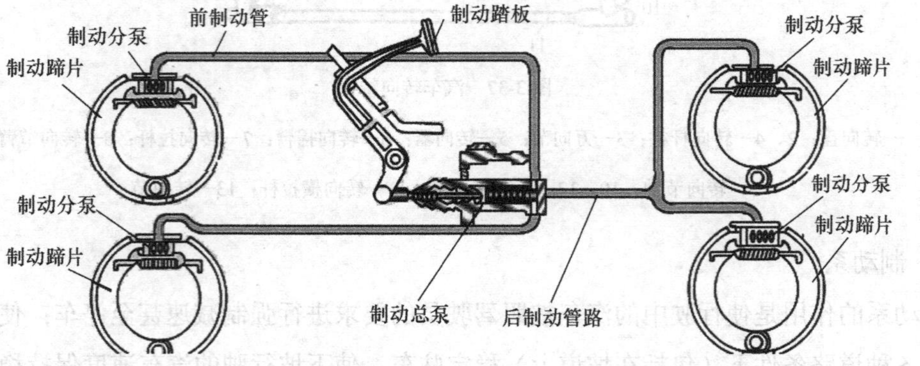

图 3-39　汽车行车制动系构造

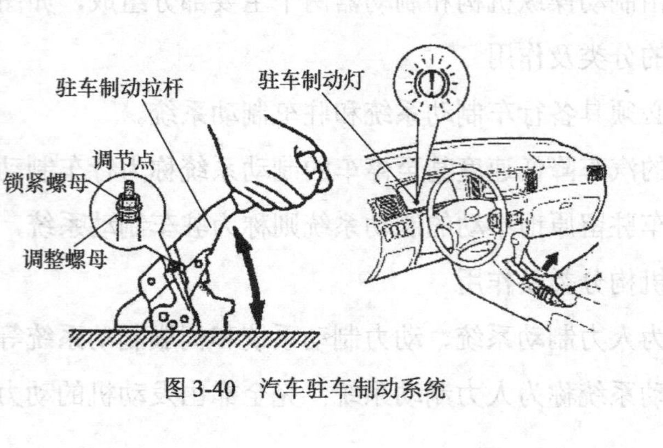

图 3-40　汽车驻车制动系统

【趣味知识】什么是双离合变速器?

双离合自动变速器（简称 DCT）是在手动变速箱基础之上发展而来的。与手动变速箱所不同的是，DCT 中的两副离合器与两根输入轴相连，换挡和离合操作都通过一个集成电子和液压元件的机械电子模块来实现，不再通过离合器踏板操作。换挡通常由挡位和离合执行器实现。两副离合器各自与不同的输入轴相连。如离合器 1 通过实心轴与挡位 1、3、5 相连，那么离合器 2 则通过空心轴与挡位 2、4、6 和倒挡相连。通俗地说就是，这种变速箱有两个离合器，一个控制 1、3、5 挡，一个控制 2、4、6 挡如图 3-41 所示。使用一挡的时候二挡就已经准备好了，所以换挡时间大大缩短，没有延时。

图 3-41 双离合变速箱解剖图

目前 DCT 变速箱主要生产厂家有：

中国：比亚迪（BYD）；

美国：博格华纳（BorgWarner）福特（Ford）；

日本：三菱（Mitsubishi）日产（Nissan）；

意大利：菲亚特（FIAT）格拉奇亚诺（Graziano）；

德国：格特拉克（Getrag）鲁克（LuK）采埃孚（ZF）保时捷（Porsche）；

英国：里卡多（Ricardo）。

单元五 汽车车身构造知识

学习目标

◎了解汽车车身构造。

◎认识汽车车身构造主要零部件名称。

◎掌握汽车车身构造主要零部件名称。

◎掌握汽车车身构造主要零部件的安装位置关系。

车身安装在底盘的车架上，用以驾驶员、旅客乘坐或装载货物。轿车、客车的车身一般是整体结构，货车车身一般由驾驶室和货箱两部分组成。

汽车车身结构主要包括：车身壳体（白车身）、车门、车窗、车前钣金制件、车身内外装饰件和车身附件、座椅以及通风、暖气、冷气、空气调节装置等。在货车和专用汽车上还包括车厢和其他装备，如图 3-42 和图 3-43 所示。

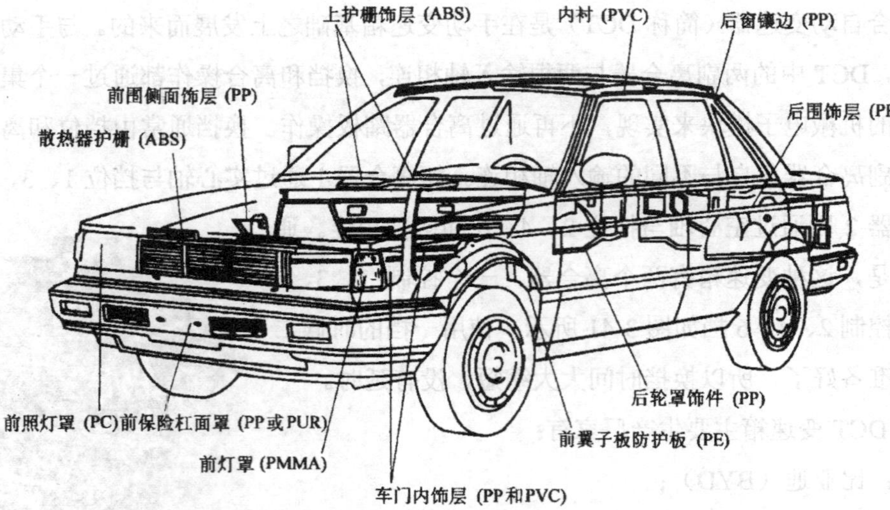

图 3-42　汽车车身结构

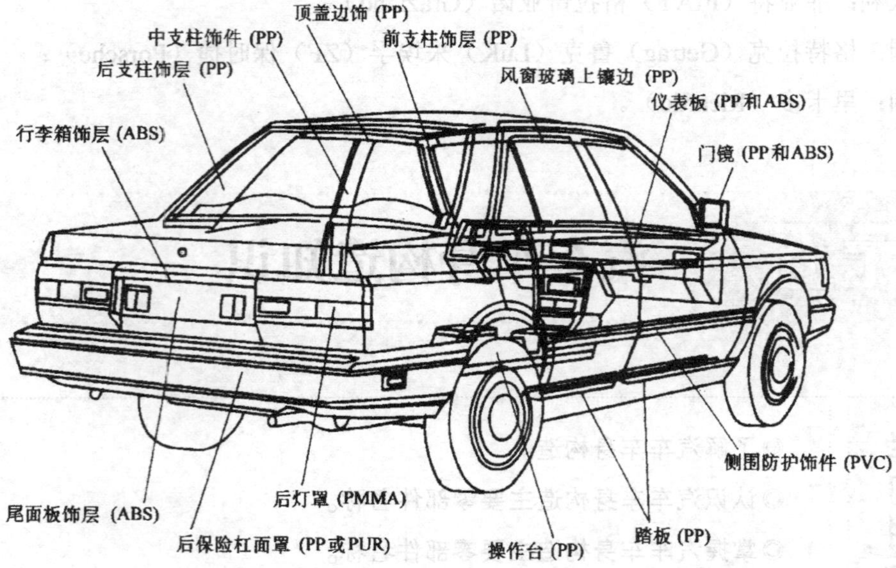

图 3-43　汽车车身结构

（1）车身壳体（白车身）是一切车身部件的安装基础，通常是指纵、横梁和支柱等主要承力元件以及与它们相连接的钣金件共同组成的刚性空间结构。客车车身多数具有明显的骨架，而轿车车身和货车驾驶室则没有明显的骨架。车身壳体通常还包括在其上敷设的隔音、隔热、防震、防腐、密封等材料及涂层。

（2）车门通过铰链安装在车身壳体上，如图 3-44 所示。其结构较复杂，是保证车身使用性能的重要部件。

（3）汽车座椅，如图 3-45 所示。

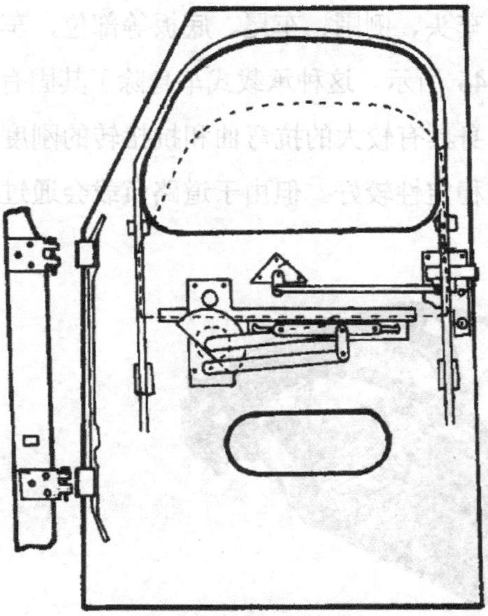

图 3-44 车门结构

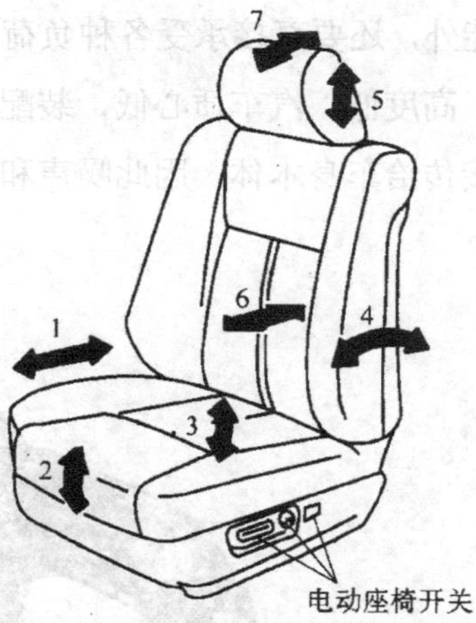

图 3-45 汽车座椅

（4）车身外部装饰件主要是指装饰条、车轮装饰罩、标志、浮雕式文字等。散热器面罩、保险杠、灯具以及后视镜等附件亦有明显的装饰性。

（5）车内部装饰件包括仪表板、顶棚、侧壁、座椅等表面覆饰物，以及窗帘和地毯。在轿车上广泛采用天然纤维或合成纤维的纺织品、人造革或多层复合材料、连皮泡沫塑料等表面覆饰材料；在客车上则大量采用纤维板、纸板、工程塑料板、铝板、花纹橡胶板以及复合装饰板等覆饰材料。

（6）车身附件有：门锁、门铰链、玻璃升降器、各种密封件、风窗刮水器、风窗洗涤器、遮阳板、后视镜、拉手、点烟器、烟灰盒等。

在现代汽车上常常装有无线电收音机和杆式天线，在有的汽车车身上还装有无线电话机、电视机或加热食品的微波炉和小型电冰箱等附属设备。

（7）车身内部的通风、暖气、冷气以及空气调节装置是维持车内正常环境、保证驾驶员和乘客安全舒适的重要装置。座椅也是车身内部重要装置之一。座椅由骨架、坐垫、靠背和调节机构等组成。坐垫和靠背应具有一定的弹性。调节机构可使座位前后或上下移动以及调节坐垫和靠背的倾斜角度。某些座椅还有弹性悬架和减震器，可对其弹性悬架加以调节以便在驾驶员们不同的体重作用下仍能保证坐垫离地板的高度适当。在某些货车驾驶室和客车车厢中还设置了适应夜间长途行车需要的卧铺。

（8）为保证行车安全，在现代汽车上广泛采用对乘员施加约束的安全带、头枕、气囊以及汽车碰撞时防止乘员受伤的各种缓冲和包垫装置。

【趣味知识】

承载式车身的汽车没有刚性车架，只是加强了车头、侧围、车尾、底板等部位，车身和底架共同组成了车身本体的刚性空间结构，如图 3-46 所示。这种承载式车身除了其固有的乘载功能外，还要直接承受各种负荷。这种形式的车身具有较大的抗弯曲和抗扭转的刚度，质量小，高度低，汽车质心低，装配简单，高速行驶稳定性较好。但由于道路负载会通过悬架置直接传给车身本体，因此噪声和震动较大。

图 3-46　承载式车身结构

单元六　汽车电气设备知识

学习目标

◎了解汽车电气设备知识。

◎认识汽车电气设备主要零部件名称。

◎掌握汽车电气设备主要零部件名称。

◎掌握汽车电气设备主要零部件的安装位置关系。

电气设备由电源和用电设备两大部分组成，如图 3-47 所示。电源包括蓄电池和发电机；用电设备包括发动机的起动系、汽油机的点火系和其他用电装置。

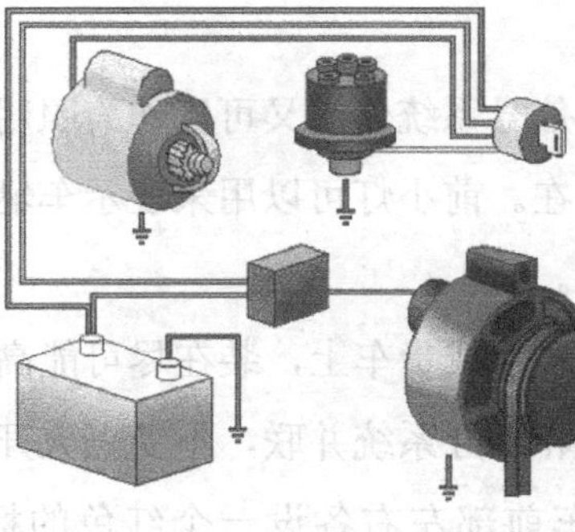

图 3-47 汽车电气设备原理

1．蓄电池

蓄电池的作用是供给起动机用电，在发动机起动或低速运转时向发动机点火系及其他用电设备供电。当发动机高速运转时发电机发电充足，蓄电池可以储存多余的电能。蓄电池上每个单电池都有正、负极柱。

2．起动机

其作用是将电能转变成机械能，带动曲轴旋转，起动发动机。起动机使用时，应注意每次起动时间不得超过 5 秒，每次使用间隔 10～15 秒，连续使用不得超过 3 次。若连续起动时间过长，将造成蓄电池大量放电和起动机线圈过热冒烟，极易损坏机件。

3．点火系

点火系的作用是适时产生电火花，点燃混合气，燃烧产生强大的压力，推动活塞向下运动而做功，如图 3-48 所示。

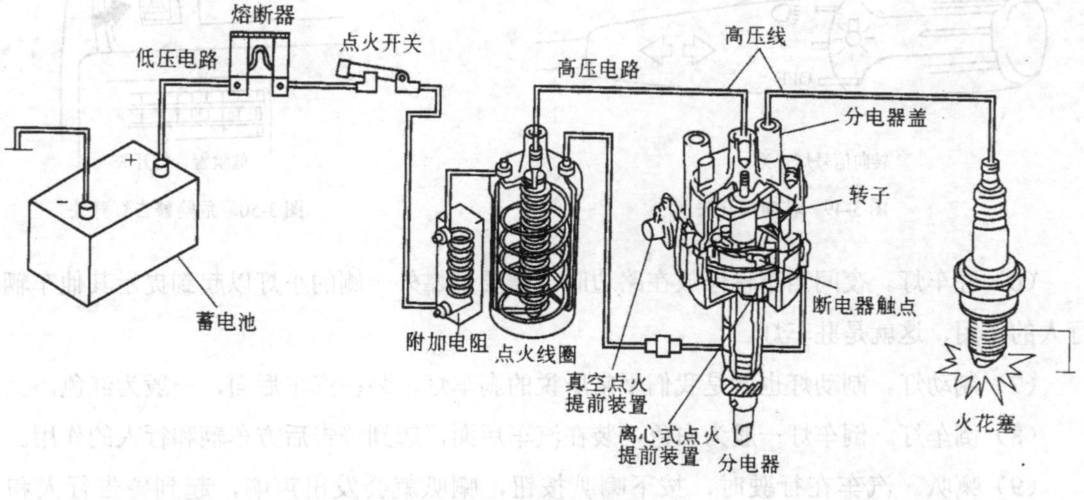

图 3-48 汽车点火系统原理

4．汽车信号系

信号系统的作用是向外界提供行车信息，以提高行车安全，减少交通事故的发生，主要的设备有以下 9 项。

（1）小灯。小灯既可以作为信号系统使用又可以作为照明系统使用，它装在车辆前、后部的两侧，以表示车辆的轮廓所在。前小灯可以用来表示车辆的宽度，用白色或黄色光；后小灯也叫做尾灯，一般用红色光。

（2）示廓灯。主要用在客车和厢式货车上，装在尽可能高的边缘部位，前后各两个，前面为白色，后面为红色。示廓灯和小灯系统并联，不受点火开关的控制。

（3）挂车灯。全挂车在挂车前部左右各设一个红色的标志灯，高度高出挂车前栏板300～400 毫米，距离外侧车厢小于 150 毫米，以起到提示其他驾驶员的作用。挂车灯和示廓灯一样和小灯系统并联，不受点火开关的控制。

（4）转向灯。转向灯位于车辆的四角，目前很多车辆的侧面也装有很小的转向灯。转向灯一般为琥珀色，当车辆转弯或变换车道时，侧面的小转向灯和前后转向灯一起闪烁，示意车辆的行驶方向。转向灯开关，如图 3-49 所示。

（5）危险警告灯。危险警告灯由转向灯来充当，当汽车发生故障或遇到特殊情况时，按下转向盘或控制面板上的红色带有“△”符号的按钮，如图 3-50 所示，则汽车两侧的 4 个转向灯同时闪烁，对其他车辆或行人起到提示作用。

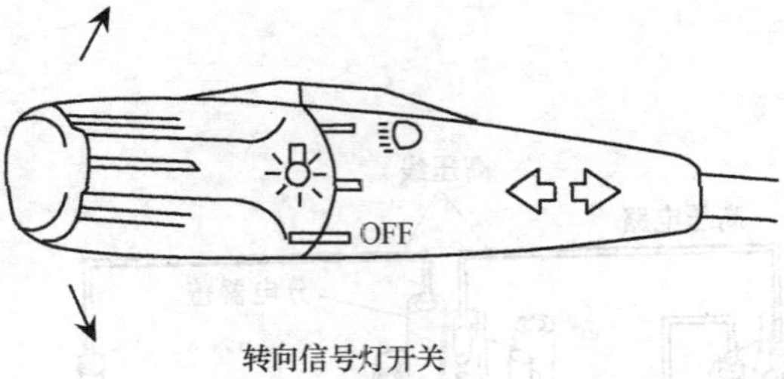

转向信号灯开关

图 3-49　转向灯开关

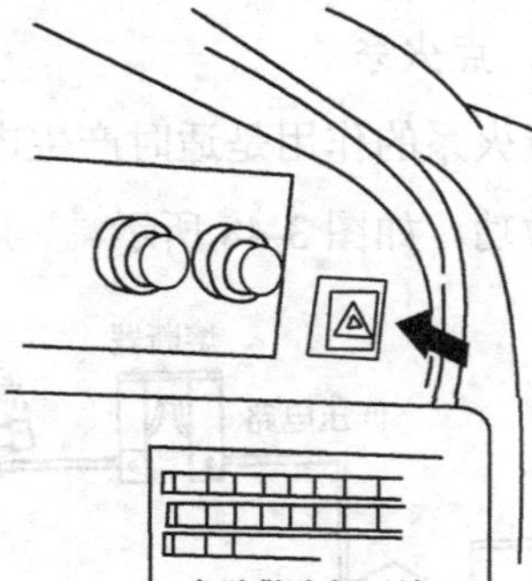
危险警告灯开关

图 3-50　危险警告灯开关

（6）驻车灯。夜间当车辆停放在路边时，需要开靠外一侧的小灯以起到提示其他车辆和行人的作用，这就是驻车灯。

（7）制动灯。制动灯也就是我们平常所说的刹车灯，装在汽车后面，一般为红色。

（8）倒车灯。倒车灯一般为白色，装在汽车后面，起到警告后方车辆和行人的作用。

（9）喇叭。汽车在行驶时，按下喇叭按钮，喇叭就会发出声响，起到警告行人和车辆的作用。

5．汽车照明系

汽车照明系统的主要作用是在夜间行车时帮助驾驶员和乘员获得外界信息，同时向外界提供行车信息，以保证行车安全，改善车内照明条件。汽车照明系统可分为车外照明与车内照明两部分，主要包括行车照明、车厢照明、仪表照明以及检修照明等，如图 3-51 所示。

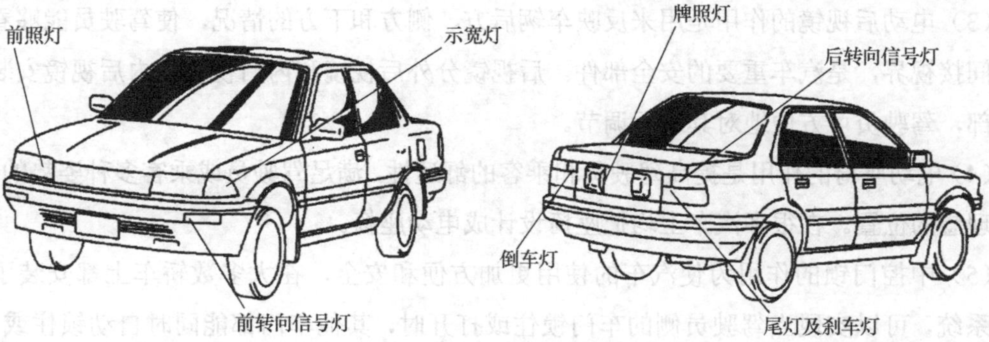

图 3-51 汽车照明系统

6．汽车仪表系

驾驶员座位前方的仪表板上装有各种仪表，如图 3-52 所示，这些仪表的作用是为了便于驾驶员掌握车辆和发动机的各种状况。

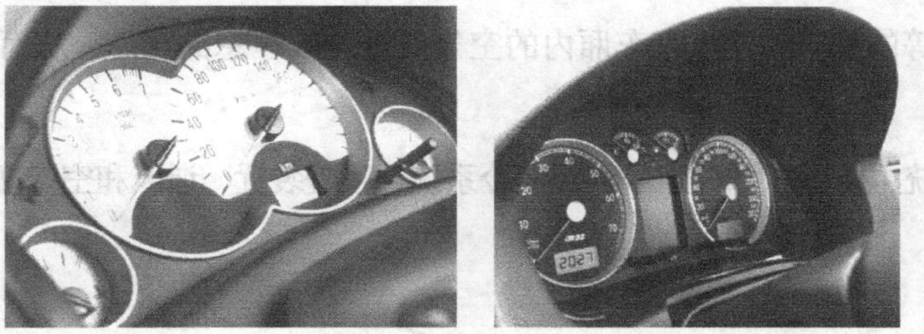

图 3-52 汽车仪表

7．汽车辅助电气设备，如图 3-53 所示。

（1）风窗刮水器和洗涤器作用是在各种使用条件下保证挡风玻璃表面干净、清洁，使驾驶员视觉效果良好。

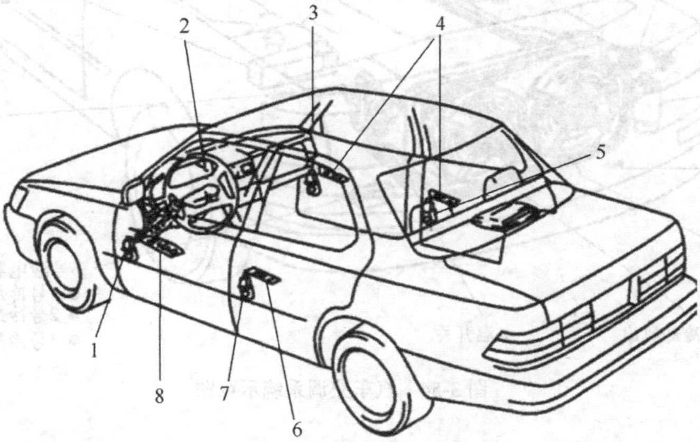

图 3-53 汽车辅助电气设备

1、3、5、7—电动车窗电动机；2—点火开关；4、6—电动车窗开关；8—主开关

（2）电动车窗的作用是利用电动机来驱动升降器，使车窗玻璃上下移动，方便驾驶员和乘客，降低疲劳强度。

（3）电动后视镜的作用是用来反映车辆后方、侧方和下方的情况，使驾驶员能够看清必要的间接视界，是汽车重要的安全部件。后视镜分外后视镜和内后视镜。内后视镜安装在车身内部，驾驶员可方便地对其进行调节。

（4）电动座椅的作用是提高驾驶员和乘客的舒适性，满足驾驶员或乘客多种姿势的需求，获得理想的位置。在很多汽车上均把座椅设计成电动座椅。

（5）中控门锁的作用为使汽车的使用更加方便和安全，在大多数轿车上都安装了中控门锁系统，可以实现当驾驶员侧的车门锁住或打开时，其他车门都能同时自动锁住或打开，而不必每个车门进行单独操作。需在车内打开个别车门时，可分别拉开各自的锁扣而打开车门。

（6）电动天线的作用是可以通过电动机控制天线的升降，便于操作及信号的接收。

（7）汽车空调系统的作用是根据驾驶员和乘客的需要，对汽车车厢内的空气进行温度、相对湿度、清洁度等的调节，使汽车车厢内的空气处于比较理想的状态，从而让驾驶员和乘客感到舒服。

汽车空调系统主要由 3 部分组成，即制冷系统、采暖装置、通风和空气净化装置，如图 3-54 所示。

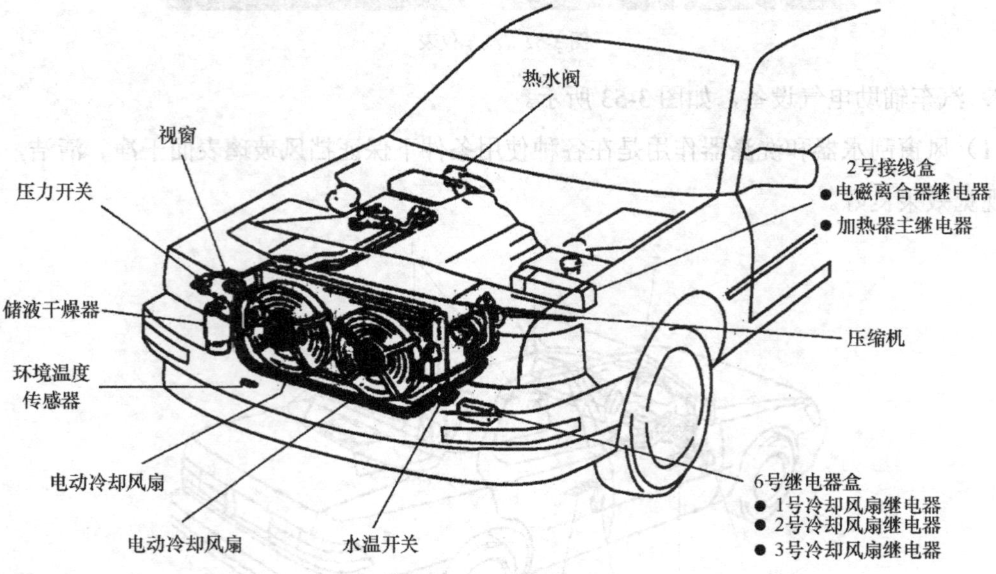

图 3-54　汽车空调系统示意图

汽车空调系统电路，如图 3-55 所示。

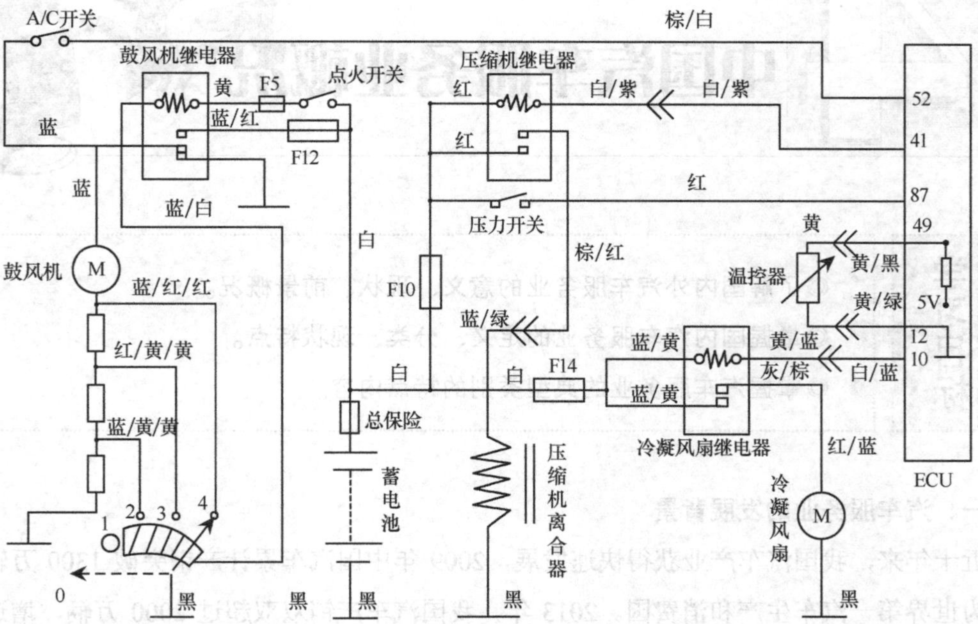

图 3-55 汽车空调系统电路图

【趣味知识】

汽车发电机是汽车的主要电源，其功用是在发动机正常运转时（怠速以上），向所有用电设备（起动机除外）供电，同时向蓄电池充电。

汽车用发电机可分为直流发电机和交流发电机，由于交流发电机在许多方面优于直流发电机，直流发电机已被淘汰，目前所有汽车均采用交流发电机，如图 3-56 所示。

图 3-56 汽车发电机结构

项目四 4 中国汽车服务业概况

学习目标

◎了解国内外汽车服务业的意义、现状、前景概况。

◎掌握国内汽车服务业的定义、分类、现状特点。

◎掌握汽车服务业的典型类别的特点内容。

一、汽车服务业的发展背景

近十年来，我国汽车产业获得快速发展，2009 年中国汽车累计产销突破 1300 万辆，中国成为世界第一汽车生产和消费国。2013 年，我国汽车产销双双超过 2000 万辆，增速大幅提升，并且再次刷新全球记录，已连续五年蝉联全球第一。汽车产销量和汽车拥有量的快速增长，为我国汽车服务业的发展奠定了良好的产业基础。

近年来，从汽车维修、养护，到汽车美容、加油站等，外资纷纷涉足汽车服务业，对成长初期和长期处于小、散、差的汽车服务市场构成了竞争压力。但我国汽车服务业良好的市场前景，以及引入先进经营理念、业态、技术设备、人才的巨大潜力，为投资者进入汽车服务业提供了良好的投资前景。汽车服务业是伴随汽车制造业成长壮大起来的高附加值产业部门，是我国新兴的热点产业部门之一，对整个汽车制造业以至国民经济的健康发展都起到决定性的支持作用。

2003 年以来，政府有关部门出台了一些与汽车服务业相关的重要制度与政策措施，如新《保险法》《道路交通安全法》《汽车金融公司管理办法》及其实施细则、《缺陷汽车产品召回管理规定》等。目前《汽车信贷管理办法》《汽车品牌专卖管理办法》《二手车交易管理办法》《家用汽车产品修理更换退货责任规定》正处于征求意见阶段，不日即将出台。这些政策措施将对促进我国汽车服务市场的发展，产生重要影响。

二、汽车服务业的范畴

汽车服务业是指消费者从购车开始至所购车辆更新或报废的全过程中围绕汽车而开展的各种服务性的一系列服务产业。包括汽车售中、售后等方面的服务。所谓售中服务是指促成销售的服务，包括销售咨询、广告宣传、贷款与保险资讯等服务；售后服务是指整车出售及其后与轿车使用相关的服务，包括维修保养、汽车美容装饰（或改装）、金融服务、事故保险、索赔咨询、旧车置换、事故救援、报废车处置、市场调查与信息反馈等。中国现在的汽车服务行业大体上可分为七大方面，汽车维护保养业，汽车整车销售业，汽车金融业，汽车保险业，汽车美容装饰业，汽车配件销售业，汽车文化及汽车运动业，二手车及汽车租赁业。随着汽车业的快速发展、汽车保有量的不断增加和“汽车社会”的逐步形成，汽车服务的范畴亦将不断扩大，汽车服务业将不断创新和开发新的服务形式，拓展更广阔的服务领域。

（一）汽车销售业（汽车品牌专卖店、汽车交易市场、连锁经营）

按照营销组织的具体形式，现有的中国汽车营销模式可以分为汽车品牌专卖、汽车交易市场、汽车连锁经营 3 种具体模式。

1．汽车品牌专卖

汽车品牌专卖也称特许经营的专卖店，是目前汽车厂家积极推行的主要营销模式，

是一种以“四位一体”为核心的汽车特许经营模式，包括整车销售（Sale）、零配件（Spare part）、售后服务（Service）、信息反馈等（Survey）称为 4S 店。4S 店是 1998 年以后，逐步由欧洲传入中国的舶来品。由于 4S 店与各个厂家之间建立了紧密的产销关系，具有购物环境优美、品牌意识强等优势，一度被国内诸多厂家效仿。

4S 店是集汽车销售、维修、配件和信息服务为一体的销售店，一家投资 2500 万元左右建立起来的 4S 店在 5～10 年之内都不会落后。

第一代 4S 店的发展靠争夺资源起家，争取到银行信贷，拿到了品牌代理权，就不愁没有出路。那时的汽车，“装上四个轮子就能卖出去”。那个时期可称之为“市场拓荒期”。

第二代 4S 店的任务是扩大销售，追求市场占有率和客户拥有量，属于“市场发展期”。

第三代由整车销售兼顾拓展汽车综合业务，如维修、保养、租赁、餐饮、娱乐等。

2．汽车交易市场

汽车交易市场多为专卖店和普通经销商组成的有形交易市场，众多品牌汇聚在一起，方便用户选择、比较。大型汽车交易市场可以将工商、交管、银行、保险等部门请进来，帮助用户办理购车手续，给购车人提供许多便利。为消费者形成较为自由的购车环境，有更多的选择机会和享受购车的一条龙服务。汽车交易市场凭借规模效益，统一的维修和配件供应，使得经销商的运作成本降低，而消费者可以买到更低价格的车。有形交易的汽车交易市场符合目前我国人民购物习惯，“扎堆”效应也迎合了汽车经销商的销售做法。如亚运村汽车交易市场自 95 年开业至今，已交易 10 万余辆汽车，交易额已突破 120 亿元，而数以万计的消费者到这种市场选购汽车，就足以说明它的出现和发展是符合国情的。

3．连锁经营

连锁企业进入市场靠的就是树立自主的品牌形象，建立庞大的营销网络，运用领先的营销技术。连锁企业多以汽车信贷业务拓展市场，一时间汽车信贷和连锁企业画上了等号，自

身品牌和主营业务均已声名远扬。

（二）汽车维护保养业

《机动车维修管理规定》，汽车维修经营业务根据经营项目和服务能力分为一类维修经营业务、二类维修经营业务和三类维修经营业务。一类、二类维修经营资质的修理厂，可以从事相应车型的整车修理、总成修理、整车维护、小修、维修救援和专项修理工作。一类企业和二类企业的主要区别在企业规模大小、技术力量强弱、设备设施等方面。三类维修经营资质为某一专项资质修理的业户，只能从事维修行业管理部门核准的修理项目，如发动机维修、车身维修、电气系统维修、自动变速箱维修、美容（车身清洁维护）、涂漆、轮胎动平衡和修补、四轮定位检测调整、供油系统维护和油品更换、喷油泵和喷油器维修、曲轴修磨、气缸镗磨、散热器（水箱）维修、空调维修、装饰（装潢）、玻璃安装、音响维修和蓄电池维修等。

随着汽车行业的发展，各类从事汽车维修保养的企业开始增多，目前我国汽车维修企业的经营模式有：3S 三位一体经营方式（即整车销售、零配件供应、售后服务）或 4S 四位一体经营方式（即整车销售、零配件供应、售后服务，信息反馈等），单一品牌特约维修或专修，多品牌特约维修或专修，杂款车修理，快修急修店和连锁店等。

目前该领域中最为热门且市场需求量较大的要数汽车维修人员和装潢美容人员。汽车维修人员可谓是目前汽车服务业最为紧俏的技术人才，市场缺口大，企业相互“挖角”的情况频频出现，特别是能对一些高档轿车的各种疑难杂症有很强的诊断和解决能力的高级维修人员，更受企业欢迎。汽车维修人员属于典型“灰领”，既要有汽车专业知识，熟悉机电一体原理，还要接受过专门的职业技术学校培训，并持有汽车维修工中级（国家职业资格四级）以上证书，车、钳、焊等基础金属加工功底扎实。

热门岗位：汽车维修技师、汽车维修服务经理、汽车高级机修电工等。

（三）汽车金融业（个人汽车信贷、经销商汽车信贷）

购车金融服务主要是指金融企业开展对个人和汽车经销商的信贷服务。

除了金融企业可以开展购车金融服务之外，不少汽车生产企业也推出一些具有新意的购车贷款方式，促进其汽车产品的销售。比如，为了迎合希望采取分期付款方式购买高档轿车消费者的需要。高端品牌奔驰推出“低息购车和免息升级”个人贷款解决方案，奔驰针对 E 级轿车推出的低息低月供贷款，仅需支付 25%的首付款，而通过“免息升级”产品，消费者只要首付 50%的车款，就可以享受一年的完全免息贷款服务，购买到级别更高的 E 级轿车。据商业银行公布的信息显示，2007 年全国金融机构个人消费信贷余额 32783 亿元，其中购车贷款仅为 1107 亿元。新华信公司最新统计数据显示，2007 年国内购车者中选择贷款购车的比例为 6.6%至 7%。

（四）汽车保险业

汽车保险业理赔服务，是指通过保险约定的规则由保险公司对被保险机动车发生道路交通事故造成受伤人（不包括本车人员和被保险人）的人身伤亡、财产损失，在负责限额内予以补偿的服务。

2006 年 7 月 1 日起我国统一实行交强险，它是“交通事故责任强制保险”的简称，是一份机动车辆必须购买的强制保险，由保险公司对被保险机动车发生道路交通事故造成受伤人（不包括本车人员和被保险人）的人身伤亡、财产损失，在负责限额内予以补偿。

汽车保险业需要大量保险、精算、汽车、法律、营销等多方面高素质人才。目前比较热门的有汽车保险估价与事故理赔人才，缺口上万，属于紧缺人才。企业在招聘此类人员时，通常要求汽车相关专业，熟悉汽车构造，了解汽车保险索赔流程，能对事故车进行勘查估价，有驾照，电脑熟练；有汽车工作经验、保险工作经验优先。另外，专业汽车保险代理人的需求量也比较大，有丰富经验、业绩出色者目前炙手可热。

热门岗位：汽车保险估价与事故理赔、专业汽车保险代理人等。

（五）汽车美容装饰业（车身美容、车内清洁、音响系统、CD 系统、电视接收系统、DVD 系统、电子游艺）

汽车产业越来越成为支撑我国经济发展的重要产业，汽车产业地位的提高，不仅是汽车产销量的增加和质量的提升与科技的进步，还催发了汽车后市场的快速发展。作为汽车后市场中的新兴行业——汽车美容业也随着中国汽车后市场的快速发展和中国汽车消费的日渐成熟而快速发展起来。

自从 20 世纪 90 年代初汽车美容在我国出现以来，汽车美容行业经历了服务项目单一、服务模式落后、专业名牌产品少、专业机械设备不配套以及专业技术人才缺乏等艰难的发展过程。随着汽车美容行业服务质量的提升与科技的进步，它已成为普及性、专业性很强的服务行业。目前汽车美容行业的新产品、新技术，对每一道工序都有标准而规范的技术要求，严格按照工序要求采用专业工具、专业产品和专业手段等，标志着汽车美容行业已经进入了系统化、专业化、规范化时代。

目前我国汽车美容行业服务水平和质量有了很大提高，从单一的洗车店向综合性的服务会所发展，从单一化服务模式到多元化服务，从单一的个体运营到企业的品牌团队化操作运营等，以其项目齐全、技术精湛、服务快捷方便、质量稳定而越来越受到人们的欢迎。

汽车美容的需求和消费量，伴随着国内消费水平的不断提高，国内汽车保有量的不断增加有较明显的增长。人们认为通过汽车美容和保养可以美观汽车和延长汽车的使用寿命，也可以有效减少车辆故障率及避免以后花大钱维修，改变了用车的观念，使汽车美容行业的发展有了广泛消费需求的基础。据调查统计数据表明，2010 年国内汽车美容消费量过千亿元，预计今后几年，汽车美容行业还将保持高增长态势。曾有专家在某一城市对消费者汽车美容消费情况进行抽样调查，有超过三分之一的车主有意向进行汽车美容消费和有超过一半的消费者每月可以支出100～500元的汽车美容消费。

目前国内汽车美容行业的经营方式主要分为3类。

第一类是汽车 4S 店，因汽车销售利润的逐年下降，增加汽车美容服务作为利润来源的主要途径之一。汽车 4S 店以多元化服务，企业的品牌团队化操作运营等，其项目齐全、技术精湛、服务快捷方便、质量稳定。但昂贵的价格使大多消费者望而却步。

第二类是连锁加盟店，以多元化服务，企业的品牌团队化操作运营等，以其项目齐全、技术精湛、服务快捷方便、质量稳定而越来越受到人们的欢迎。

第三类是自立门户的店面，这一类企业，大多数不够专业，从业人员素质也较低，主要是以洗车打蜡为主要业务。

汽车美容服务项目从最基本的洗车、打蜡衍生到车身美容护理、汽车室内清洁与护理、车身漆面护理及汽车装饰保护等4个方面。

目前该领域中最为热门且市场需求量较大的要数装潢美容人员。汽车维修人员可谓是目前汽车服务业最为紧俏的技术人才，市场缺口大。汽车美容装潢工则要求对汽车美容的各个环节和项目都非常精通，特别对汽车贴膜、音响改装、汽车电子（如 GBS 系统）等有深入了解，还能够满足客户个性化需求，具有一定的设计能力和审美功底。

热门岗位：汽车美容装潢。

（六）汽车配件销售业

1．汽车配件服务业

据汽车工业年鉴相关资料显示，2007年中国汽车销售879.15万辆，2008年汽车产销量将突破900万。2010年汽车销售规模将达到1263万辆。2007年中国汽车保有量达到了5500万辆，2010年将达到7000万辆，2020年将达到14500万辆。2007年，我国汽车零部件配套规模将达到2120亿元。汽车配件和维修养护规模达到1500亿元左右，汽车用品达到620亿元。据预测，未来汽配市场将会以25%的速度增长。

汽车配件服务市场主要分为两个部分：一个是普通维修配件的维修销售服务，一个是汽车用品的维修销售服务。

我国汽配市场的特点和经营模式如下。

（1）传统的流通模式：指我国传统上通过批发商、经销商最后到达车主的这种流通模式，流通价值链上环节多，结构相对复杂，流通交易过程主要在全国各类汽配城中完成。

（2）整车厂售后服务模式：这种模式主要指的是整车厂的售后服务系统，也叫二次配套。汽配的流通一般由整车厂完成，也有的整车厂是通过自己指定的代理商完成。主要的运营实体是“4S”店和特约维修店等。

（3）价值链垂直整合模式：该模式是把汽配市场价值链上的生产、流通和终端环节的某几个环节进行整合，通过把价值链缩短，实现减低成本和提高利润。这种模式对企业的资源需求较高。比较常见的有把流通和终端整合的连锁快修、汽配超市、汽配大卖场和把生产和流通整合的汽配营销商模式。

2. 汽车用品的维修销售服务

汽车用品涵盖范围很广，种类繁多，主要是用于汽车养护和提高汽车舒适度的产品。既包括车载电话、办公系统、交通信息和行车向导系统等高端车载系统、公共信息系统和软件系统，也包括多媒体音响、电视、电子游艺等汽车娱乐系统，还包括内外装饰、防盗装置等汽车配件和汽车饰品，以及防爆膜、润滑油等普通汽车养护用品。它贯穿于新车销售、售后服务、零部件销售、二手车经营等各个方面，市场领域十分宽阔。

热门岗位：汽车零配件管理。

（七）二手车交易业

随着国民经济迅速发展，二手车市场作为汽车市场的重要组成部分，实现了从无到有、从小到大的根本性转变，未来发展潜力巨大。从1998年《旧机动车交易管理办法》发布到2003年5年间，二手车交易量以高于年平均25%的速度增长，实现了翻番。经济学家预言，中国的汽车市场将有15～20年的增长发展期。而随着政府、企业、事业单位公务车辆改革，车辆更新换代频率加快，二手车市场必将随着汽车市场需求增长和汽车保有量提高而大幅增长，发展空间广阔。据分析，2008年我国二手车交易量达到530万辆，而当年新车交易量为600万辆。

从二手车交易与新车销售的比例来看，我国二手车交易量约占新车销售量的三分之一，而发达国家一般为2～3倍。因此，我国二手车市场还处在刚刚起步阶段，发展潜力巨大。从目前来看，我国二手车交易主要集中在经济发达、汽车保有量大的大中型城市，且流向趋势明显。北京、上海两地二手车交易市场是我国起动最早、交易量最大的两个市场，其交易量占全国交易量的二成左右。目前二手车流向呈现四大趋势：从城市流向乡镇，从东部流向西部，从经济发达地区流向经济相对落后地区，从高收入者流向中低收入者。

长期以来，由于我国还没有一套完整、严谨、科学的二手车鉴定评估标准，二手车鉴定评估主要是根据评估师的专业知识以及评估经验，通过对目标车辆的观、听、摸等过程得出评估结论。这种方法存在轻鉴定、重估值，评估随意性大，手段不科学，主观因素多，评估结果偏离车辆的实际价值等问题，消费者对此存有很大的意见。

就业前景分析：人才也是二手车市场发展的一个重要因素，目前我国也面临人才匮乏的问题。一名优秀的二手车业务人员不但应具备汽车营销知识，还应掌握车辆的技术性能，熟知二手车市场行情，了解汽车配件、汽车维修的价格信息等，知识面要求较宽。我国二手车行业发展较晚，这类人才的培养需要较长时间，直接造成有技术、懂行情、会管理的经营管理人才严重缺乏。

热门岗位：二手车鉴定评估。

（八）汽车文化及汽车运动业

汽车文化产业在国内还属于新兴产业，其包含内容比较广，汽车模型、汽车体育、汽车报刊、汽车影视、汽车俱乐部、汽车广告等诸多文化。汽车文化行业在国内方兴未艾，未来发展前景广阔。随着越来越多的企业开始将目光投向汽车文化产业，相关的人才需求也将随之而来。目前，在仿真汽车模型、汽车收藏品、汽车纪念品、汽车书刊、汽车礼品、汽车用品等汽车文化产品的开发和销售领域，汽车文化展览、赛事等汽车文化活动领域的专业人才需求已经显现。

1. 汽车体育比赛

汽车体育比赛也叫汽车运动，主要是指由国际汽联每年安排的世界锦标赛、世界杯赛、世界大奖赛和地区赛在内的近 800 场各类国际汽车比赛。

2. 汽车知识

汽车知识是指对汽车文化、汽车技术的传播学习，包括了汽车模型、汽车报刊、汽车书籍、汽车影视等影响广泛的行业。

3. 汽车广告

在发达国家，汽车广告是所有广告中的大户，甚至是最大户。

4. 汽车俱乐部

如品牌俱乐部、车迷俱乐部、越野俱乐部、维修俱乐部、救援俱乐部等。汽车俱乐部在汽车产业发达的国家有重要的地位，对促进国家或地区汽车的运用、管理和发展起到不可替代的作用。

【趣味知识】

汽车 4S 店的基本要求：

热忱的服务态度；高超的维修技术；

先进的工具设备；科学的管理体系；

合理的维修价格；一流的维修人员；

快捷的信息沟通；整洁的工作环境；

舒适的接待区域；完善的服务流程。

项目五 5 汽车服务行业从业人员要求

学习目标

◎了解中国汽车服务行业基本状况。

◎了解中国汽车服务企业对从业人员的要求。

◎认识汽车服务行业从业人员的服务态度。

◎认识汽车服务行业从业人员的技术水平要求。

汽车服务行业正进入快速发展的时机，汽车服务市场和消费市场的逐渐成熟使服务业本身的问题也凸现出来。如在人力资源问题上，高级汽车服务人员比例偏低，表现为文化程度低、技术水平不高、接受专业知识培训的人员更是不多；在汽车服务行业的技术管理及经营管理队伍中，具有专业技能证书的人员所占比例较少。国内汽车维修企业较低的人员文化素质已经对行业的整体形象产生了严重的负面影响，已成为汽车维修业可持续发展的严重障碍。有鉴于此，行业内资深人士建议今后汽车维修企业应当积极改善从业人员的构成，主修人员原则上从专业教育的中等职业学校中选拔和培养，直接从事主修工作，从抓维修技术骨干入手，从根本上改变维修技术人员的构成，适应市场经济和汽车技术迅猛发展所带来的严峻挑战，提高从业人员的综合素质。

良好的汽车服务一直是汽车厂商吸引客户的重要手段。服务对消费者再次购买的影响力逐渐大于产品本身，汽车售价不再是购车的唯一因素，消费者更关注汽车使用过程中的售后服务问题。快捷、完美、高质量的维修技术，人性化服务等则成为车主客户最迫切的需要。因此，在汽车维修服务中，优良的服务质量将成为现代汽车维修服务企业生存发展的关键因素和核心竞争力。

汽车维修企业的服务表现出双重属性：一要通过维修和保养技术的应用，使汽车恢复或保持车辆安全行驶所具备的性能；二要在服务的过程中满足顾客多方面的需求，体现人性化，为顾客提供更加方便、安全、优质、快捷的服务。这样就对汽车服务行业从业人员方面的要求主要包括服务人员的服务态度和专业技术水平两个方面。

一、汽车服务行业从业人员的服务态度

1．热爱汽车维修

热爱汽车维修是汽车维修从业人员道德理想、道德情感、道德义务的综合反映和集中体现。其主要内容如下所述。

（1）爱岗敬业。主要表现为：严守岗位、尽心尽责、注重务实、服务行业。

（2）乐于奉献。指以本业为荣，以本职为乐，积极为汽车维修行业发展，为整个道路运输业发展服务，在汽车维修工作岗位上发扬忘我的工作精神。主要表现为，一是职业意识，即正确处理责任、权力、利益三者之间的关系，不能只讲索取，不讲奉献；二是勤业意识，表现为认真负责，开拓进取，这是实现职业价值的基本保证；三是奉献意识，在职业活动中不计名利、勇于吃苦、任劳任怨，说老实话，办老实事，做老实人，吃苦在前，享受在后，迎着困难上，用“毫不利己，专门利人”的精神，在奉献中充分体现人生的价值。

（3）钻研业务。钻研业务指为事业刻苦学习、勇于钻研，努力提高本职工作能力和水平，这也是一种爱岗敬业的具体表现。钻研业务有 3 方面具体要求：一是认真学习技术，提高工作技能。汽车技术发展很快，对维修工艺技术工作的要求越来越高，要做好汽车维修工作，尤其要能够适应汽车的不解体检测的发展，一定要认真学习汽车电子控制等新技术，学习质量检验技术的有关理论，勇于实践，不断培养提高自己的工作技能，这是完成职业使命的基本条件；二是认真学习管理业务知识，努力提高管理工作业务素质，努力尽好管理责任，实现岗位的价值；三是要拓宽知识层面，由于汽车维修的市场化，给质量管理工作增加了复杂性，如汽车配件的市场情况，严重影响着汽车维修质量管理工作等，这就要求每个汽车维修从业人员必须不断扩大自己的知识面，如掌握常见汽车配件、材料的质量鉴别技术等，以提高综合分析、解决问题的能力。

（4）艰苦奋斗。保持艰苦奋斗的光荣传统和创业精神，反对追求豪华、奢侈浪费的不良风气，坚持顽强拼搏、奋发向上，这是社会主义现代化建设的需要，是新时期创业实践的需要，是中国国情的需要。

2．忠于职守

忠于职守是每一位汽车维修从业人员尤其是具有一定职权的管理人员必须履行的法定义务，也是汽车维修从业人员基本的职业责任。能否做到忠于职守，尽职尽责，勤奋工作，严格把关，不弄虚作假，是衡量每一位汽车维修从业人员职业道德水平的重要标志。

忠于职守主要表现为以下几点。

（1）严格把关。严格按照汽车维修各项工艺技术标准，进行汽车维修工作，按章管理，严格把关，自觉维护各项技术工艺标准的严肃性，保证汽车维修质量的有效管理。

（2）遵守行规，行约。行规、行约是行业活动中的行为准则，是确保行业风气好转的有效措施。只有做到对行业负责，才能做到对法律负责，对国家负责，对人民负责。

（3）尽职尽责、敢于管理。应努力培养自己的工作责任感，敢于依法管理，敢于负责任、敢于承担风险。把严格管理建立在热爱本职工作的情感基础上，不怕困难，不回避矛盾，不怕打击报复，坚持原则，任劳任怨以对党和国家、对行业对人民高度负责的精神，恪尽职守，保证汽车维修质量和服务水平。

3. 依法管理

依法管理是实现汽车维修质量管理最重要的指导思想和基本原则，是规范所有汽车维修行业管理活动的一系列原则中处于核心地位的法制原则，是各级维修从业人员必须遵循的行业准则。依法管理主要表现在：一是以法律为准绳，即汽车维修质量管理必须严格按有关工艺技术标准规定执行；二是严守管理程序，即按管理要求的规定，各负其责，出现质量纠纷，按规定的管理程序处理，使汽车维修质量管理工作规范化程序化；三是裁量公正，是指汽车维修质量检验结论要力求公正、准确、合理、适当，以最大限度地维护管理的尊严和保护公民合法权益。对汽车维修质量检验员应具有一定的管理职权，在良好的道德约束下，坚持办事公道、公正，才能真正依法管理。

4. 团结协作

团结协作的含义是：坚持集体主义原则，以平等友爱、相互合作、共同发展的精神处理好内外团结，正确处理国家、集体和个人三者的关系，自觉服务于改革、发展和稳定的大局。例如，在维修竣工检测后，对发现的汽车维修质量问题，检验员应该积极帮助一线生产人员努力解决影响维修质量的各种问题，以争取得到群众对严格管理的理解和支持，确保质量管理工作顺利进行。

5. 自觉接受监督

自觉接受监督的含义是汽车维修从业人员必须依照法律、规章的有关规定，无条件地接受和服从国家权力机关、上级行政机关等对汽车维修工作的监督和检查，接受监督的主要内容如下所述。

（1）办事公开。指标准公开、程序公开、权利义务公开、处理结果公开。办事公开是坚持民主政治的具体表现，是接受监督的重要前提，也是汽车维修从业人员职业道德的重要要求。

（2）欢迎批评。指认真接受社会监督，虚心听取来自托修方、上级管理机构和本企业领导及群众对本人工作的批评、意见和建议，不断改善工作，努力提高管理水平。

（3）服从检查。对上级政府主管部门对汽车维修质量进行的抽查，应无条件服从。如出具出厂合格证，必须提供检验记录；经质量检验合格出厂的汽车，政府主管部门有权进行检验质量抽查，应该自觉按要求送检，并积极配合质量检测站工作，服从检测结论。

（4）有错必纠。指勇于纠正汽车维修工作中的缺点错误，认真纠正不当或违规行为，保护管理相关人的合法权益。

6. 廉洁奉公

廉洁奉公的含义是指汽车维修从业人员要坚决执行党中央、国务院关于严格自律、廉洁从政的各项要求，加强个人道德修养，树立正确的世界观、人生观、价值观，努力做到清正廉明、反腐拒贿、不谋私利、一心为公。“公正廉洁、克己奉公”是每一位汽车维修从业人员必须履行的法定义务。廉洁奉公的主要内容如下所述。

（1）清正廉明。是指汽车维修从业人员应严格执行党和国家有关廉政建设的规定，努力做到自重、自省、自警、自励，勤政廉洁，严格自律。清正廉洁是对权力道德观念的高度概括，是汽车维修从业人员最基本的道德准则之一。

（2）反腐拒贿。指“拒腐蚀，永不沾”的精神，反对拜金主义、享乐主义，杜绝权钱交易，自觉抵制剥削腐朽思想和生活方式的侵蚀。

（3）不谋私利。指不利用职务上的权力和便利谋取个人私利，自觉做到不以权谋私、不假公济私、不损公肥私、不徇私枉法。划清正当个人利益与自私自利的界限，树立自我约束的权力意识，从思想上铲除以权谋私的根源。这方面稍不注意就会失控。例如，质量检验员利用外出试车的机会，甚至因为掌握着送修车的钥匙，总想开出去兜兜风或干点私事很方便。这种行为不仅反映检验员的道德水准不高，有时还因私自开车出去造成车祸，严重损害企业信誉。

（4）一心为公。汽车维修从业人员要自觉树立公而忘私、大公无私的共产主义精神。这种精神是高层次的道德要求，共产党员和先进分子应该具备，汽车维修质量检验人员作为汽车维修质量把关的企业代表，也应注重培养和树立这种精神。一心为公，在汽车维修从业人员职业道德基本规范中具有非常重要的地位，是全面践行汽车维修行业职业道德的落脚点。

二、汽车服务行业从业人员的技术水平

维修人员的专业技术水平是服务质量的关键影响因素，维修人员的技术水平不高导致的直接结果就是维修质量低下。另外，由于维修人员的专业维修技能不高，常常会造成在汽车维修中，对出故障的配件只能更换不能维修的现象。维修人员具有熟练的技术就可以大大地缩短维修时间，而维修时间短当然也是顾客的一个期望，顾客总是希望越快越好。

随着汽车科技含量越来越高，机械配合精密复杂，车型越来越多，汽车维修检测设备、诊断仪器，专业素质的员工和维修技术资料的作用就越来越重要。以往定期拆解维护的方法已不是科学方式。汽车大修的概念正在逐步淡化，汽车定期维护与保养的概念日益深入人心，我国大量涌现的私家车主，更乐意接受对汽车不解体的检测诊断技术。实行专修快修，高效快捷，排除故障，提高维修质量。汽车电子控制技术的出现和机电一体化程度的不断提高，使汽车维修技术发生了革命性的变化，汽车维修正演变成为“性能检测—故障诊断—换件修理”这样一种全新的模式。在现代汽车维修中，有故障的车辆先用检测诊断仪器或设备进行相应的检查，而后由维修技术人员基于自己的知识能力和经验，对检查结果进行综合分析后做出相应的诊断，接下来再由主修人员独立或指导辅修人员完成故障排除或修理任务。

为加强机动车维修从业人员从业资格管理，提高机动车维修技术人员素质，确保机动车维修质量，中国汽车维修行业协会编制了国家标准《机动车维修从业人员从业资格条件》。根据交通部令2006年第9号《道路运输从业人员管理规定》——国家对道路运输从业人员实行从业资格考试制度。从业资格是对道路运输从业人员所从事的特定岗位职业素质的基本评价。

国家标准《机动车维修从业人员从业资格条件》GB/T 21338—2008规定了机动车维修从业人员10个岗位。

1．机动车维修企业负责人

机动车维修企业负责人指机动车维修企业中主持企业的经营管理，指挥、协调、监督各职能部门的工作，对企业的经营和企业的发展全面负责的人员。

2．机动车维修技术负责人

机动车维修技术负责人指在机动车维修企业中负责专业技术、技术管理和质量管理工作的人员。

3．机动车维修质量检验员

机动车维修质量检验员指机动车维修企业中从事机动车维修进厂和竣工出厂检验以及监控维修过程质量的人员。

4．机修人员

机修人员指机动车维修企业中从事机动车发动机、底盘及其控制系统维修作业的人员。

5．电气维修人员

电气维修人员指机动车维修企业中从事机动车电气系统维修作业的人员。

6．钣金（车身修复）人员

钣金（车身修复）人员指机动车维修企业中从事车身修复作业的人员。

7．涂漆（车身涂装）人员

涂漆（车身涂装）人员指机动车维修企业中从事车身涂装作业的人员。

8．车辆技术评估人员

车辆技术评估人员指机动车维修企业或机动车综合性能检测站中从事车辆检测和车辆技术评估的人员。

9．机动车维修业务员

机动车维修人员指机动车维修企业中从事接待客户以及市场开发等相关工作的人员。

10．机动车维修价格核算员

机动车维修价格核算员指机动车维修企业中对机动车维修进行价格核定和核算的人员。

国家标准《机动车维修从业人员从业资格条件》规定了机修人员、电气维修人员、车辆技术评估人员等几类机动车维修从业人员从业资格条件。

（一）机修人员

1. 岗位职责

（1）执行与本岗位相关的法规、规章、标准和规范。

（2）从事发动机、底盘及其控制系统的检测诊断和维修作业。

（3）在生产过程中执行安全操作规程，按工艺规范正确完成发动机、底盘及其控制系统的维修作业。

（4）协助质量检验员工作，对机修质量负责。

（5）指导和培训本岗位其他人员的技术操作。

（6）配合协调其他岗位的工作。

（7）负责本岗位技术问题的收集、整理和上报。

（8）负责本岗位的现场管理。

2. 任职资格

（1）基本条件。

① 具有高中以上（含高中）文化程度。

② 连续从事机修工作 3 年以上，或本专业中等职业学校毕业连续从事机修工作 2 年以上，或本专业高职以上（含高职）毕业连续从事机修工作 1 年以上。

（2）专业知识。

① 了解与本岗位相关的法规、规章、标准和规范，熟悉本岗位的工时定额和收费标准，了解其他岗位的工时定额和收费标准。

② 熟悉安全生产、环境保护和质量管理的知识。

③ 熟悉电工电子学的基本知识，掌握机动车电路图识图知识。

④ 掌握机械制图、液压传动、公差与配合、机动车常用材料知识。

⑤ 掌握机动车维修专业知识，了解机动车新材料、新工艺、新设备和新技术。

⑥ 掌握发动机、底盘及其控制系统零部件的常规检验方法。

⑦ 掌握发动机、底盘及其控制系统维修工艺规程和竣工验收标准。

⑧ 掌握发动机、底盘及其控制系统故障诊断原理和方法。

⑨ 了解常用维修检测仪器和设备的结构原理。

（3）专业技能。

① 具有完成机动车发动机、底盘及其控制系统的故障诊断和维修作业的能力。

② 能熟练使用维修检测仪器和设备准确诊断并排除车辆故障。

a. 能熟练使用故障诊断仪进行故障代码、动态数据流检测，能根据检测结果进行故障分析，准确诊断并排除车辆故障。

b. 能熟练使用故障诊断仪进行电控单元代码、匹配和设定操作，能对防盗系统进行匹配设定和配钥匙。

c. 能熟练使用示波器进行相关波形检测，能根据波形进行故障分析，准确诊断并排除车辆故障。

d. 能熟练使用发动机综合分析仪进行发动机性能检测，能根据检测结果准确诊断并排除车辆故障。

e. 能熟练使用尾气分析仪进行尾气检测，能根据尾气检测结果准确诊断并排除车辆故障。

f. 能熟练使用红外测温仪对车辆进行温度检测，能根据检测结果准确诊断并排除车辆故障。

g. 能熟练使用四轮定位仪进行车轮定位检测，并能根据检测结果准确诊断并排除车辆故障。

③ 能熟练应用技术资料解决本岗位的技术问题。

④ 具有收集整理、分析处理本岗位技术问题的能力。

⑤ 能对本岗位其他人员进行培训并指导其完成机修作业。

（二）电气维修人员

1. 岗位职责

（1）负责机动车电器系统的检测诊断和维修作业。

（2）在生产过程中执行安全操作规程，按工艺规范正确完成机动车电气系统的维修作业。

（3）协助质量检验员工作，对机动车电气维修质量负责。

（4）指导和培训本岗位其他人员的技术操作。

（5）配合协调其他岗位的工作。

（6）负责本岗位技术问题的收集、整理和上报。

（7）负责本岗位的现场管理 。

2. 任职条件

（1）基本条件。

① 具有高中以上 （含高中）文化程度。

② 连续从事机动车电气维修工作 3 年以上，或本专业中等职业学校毕业连续从事机动车电气维修工作 2 年以上，或本专业高职以上（含高职）毕业连续从事机动车电气维修工作 1 年以上。

（2）专业知识。

① 了解与本岗位相关的法规、规章、标准和规范，熟悉本岗位的工时定额和收费标准，了解其他岗位的工时定额和收费标准。

② 熟悉安全生产、环境保护和质量管理的知识。

③ 掌握电工电子学的基本知识、电路图识图知识。

④ 掌握机动车电器的结构、电路原理和检测诊断方法。

⑤ 熟悉发动机、底盘及其控制系统的结构和基本工作原理 。

⑥ 熟悉常用机动车维修检测仪器和设备的结构原理。

（3）专业技能。

① 具有完成机动车电气系统故障诊断和维修作业的能力。

② 能熟练使用电气维修所需要的各种检测仪器和设备，准确判断并排除车辆电气系统故障。

a. 能熟练使用故障诊断仪进行故障代码、动态数据流检测，能根据检测结果进行故障分析，准确诊断并排除车辆电气系统故障。

b. 能熟练使用故障诊断仪进行电控单元代码、匹配和设定操作，能对防盗系统进行匹配设定和配钥匙。

c. 能熟练使用示波器进行相关波形检测，能根据波形进行故障分析，准确诊断并排除车辆电器系统故障。

d. 能熟练使用红外测温仪对车辆进行温度检测，能根据检测结果准确判断并排除车辆电器系统故障。

③ 能应用技术资料解决机动车电气维修的技术问题。

④ 具有收集整理、分析处理机动车电气维修技术问题的能力。

⑤ 能对本岗位其他人员进行培训并指导其完成机动车电气维修作业。

（三）车辆技术评估人员

1. 岗位职责

（1）执行国家、地方和行业相关法律、法规、规章、标准和规范。

（2）负责实施车辆技术评估检测，对检测的车辆做出检测鉴定。

（3）负责向被检单位提供技术咨询，处理检测质量纠纷问题，接受被检单位对检测质量的申诉。

（4）对检测有疑问的车辆进行抽检测试或复检，严格检测标准，对发生的检测质量问题及时处理解决。

（5）协助质量负责人做好检测人员的技术培训，提高业务水平，严格执行国家检测标准，把好质量关。

2. 任职资格

（1）基本条件。

① 具有机动车维修或相关专业的大专以上（含大专）文化程度，或具有机动车维修或相关专业中级以上技术职称。

② 具有机动车检测站连续5年以上的工作实践经验。

（2）专业知识。

① 掌握国家、地方和行业相关的法律、法规、规章、标准和规范。

a．掌握《中华人民共和国道路运输条例》《中华人民共和国道路交通安全法》及实施条例中与车辆性能检测相关的内容。

b．掌握《机动车安全运行技术条件》《营运车辆综合性能要求和检验方法》、《汽车技术等级评定标准》、《汽车技术等级评定的检测方法》。

c．掌握《中华人民共和国大气污染防治法》中有关机动车排放方面的内容。

d．了解《中华人民共和国合同法》《中华人民共和国标准化法》《中华人民共和国产品质量法》《中华人民共和国消费者权益法》和《劳动保护法》等的相关内容。

② 熟悉机动车检测专业知识

a．掌握机动车结构、原理和性能及主要车型的相关检测标准。

b．掌握机动车检测诊断原理、方法和技术规范。

c．掌握常用仪器、仪表和量具的结构原理、性能和使用方法，熟悉其标定方法。

d．掌握常用检测诊断设备的结构原理、性能和使用方法及其标定方法。

e．掌握机动车综合性能要求和检验方法，熟悉车辆技术评估的基本知识。

f．熟悉机动车检测质量保证体系的知识。

g．熟悉机动车检测站计算机控制系统及联网技术。

（3）专业技能。

① 能熟练使用机动车检测设备，对车辆进行检测。

a．能熟练使用整车检验的仪器、仪表和检测设备进行整车性能项目检验，并能根据检验结果的分析，做出整车检验技术评定。

b．能熟练使用车辆总成及技术装备检验的仪器、仪表和检测设备，进行车辆总成及技术装备项目检验，并能根据检验结果分析，做出车辆总成及技术装备技术评定。

c．能熟练使用底盘测功机、制动试验台、四轮定位仪及前照灯检测仪，进行车辆的动力性、制动性、四轮定位及前照灯性能检测，并能根据检测结果分析，做出车辆动力性、制动性、四轮定位及前照灯性能技术评定。

d．能熟练使用油耗仪和尾气分析仪，进行燃料经济性和尾气检测，并能根据检测结果分析，对车辆燃料经济性和尾气排放做出技术评定。

② 具有组织实施车辆技术评估检测，并对检测车辆做出技术鉴定的能力。

③ 具有车辆技术评估检测质量管理及处理检测质量纠纷的能力。

④ 能制定技术培训计划并付诸实施。

⑤ 具有计算机办公和管理软件的操作应用能力。

案例：一汽丰田汽车有限公司对员工的要求

你是丰田的专业技术员或你是个专业人员。与其他公司相比，作为丰田专职人员，你至少在两个方面与众不同：

一、你把“客户第一”的理念付诸实践。

* 你尽最大努力为客户提供第一流售后服务来提高他们对丰田车辆的满意度。你要经常想你能做什么来提高客户的满意度，然后将你的想法付诸实践。

* 你应提供高效、高度可靠的服务。

* 你认真地对待客户的车辆。

* 对于维修服务中出现的任何问题你都要提出专业建议。

二、需达到值得自豪和能承担起责任的专业标准。无论是何工作，你都能可靠地并尽快地以最小的成本完成它。

* 你要理解技术员的职责。你提供的售后服务能使客户的汽车一直保持在最佳状态，这样他们就能够充满信心地驾驶车辆。

* 你为自己的工作自豪。汽车维修直接关系到人的生命，这是非常重要的工作。因此，你要时刻清楚你有责任帮助丰田汽车维护其因高质量而享有的世界声誉。

* 你尽自己最大的努力做好每一项工作，你要为自己所做的工作负责，不管是什么工作。

* 你要努力在工作中得到提高。你要有提高意识，始终研究比以往更有效，更准确，更舒适，成本更低的工作方法，然后，将每一项提高都运用到工作中。

* 努力提高自己的技能。丰田汽车不断地以新车型和新机制来提高质量。你不断地提高你的技能和掌握新的技术，以便能维修这些汽车。

对不同岗位的能力要求：

1. 维修技师

（1）TEAM21 STEP1 丰田技术员能力要求。

* 能够独立进行 PDS（新车检查）。

* 能够独立进行定期维护。

* 能够独立进行简单工作（更换恒温湿器、排气管、消声器、燃油泵等）。

* 知道零件的正确名称。

* 安全工作（正确使用工具和其他设备，如汽车举升机、千斤顶、磨床等）。

* 干净整齐（保持车间地板、工具箱、工作台、测试仪等干净整齐）。

（2）TEAM21 STEP2 丰田专业技术员能力要求。

* 能够在标准工时内独立完成常见的维修工作（至少 10 项，包括更换传动皮带、驱动轴防尘罩、刮水器橡胶等）。

* 能够在标准工时内独立完成大修（发动机、传动桥、起动机/交流发电机中任意一项）。

* 遵循修理手册中规定的工作程序（程序、紧固扭矩等）。

* 了解零件的正确名称。

* 能够选择并正确使用合适的工具和量具（工具：标准工具、SST 等）（量具：螺旋测微器、游标卡尺、电子检测仪等）。

（3）TEAM21 STEP3 丰田诊断技术员能力要求。

* 能够向其他员工解释各机构/系统的功能和操作：起动机/充电系统、巡航控制、照明系统/刮水器和清洗器、发动机停机防盗系统、门锁/电动车窗、音响/空调、SRS 气囊。

* 能够用 RM、EWD 和检测仪（电压表、手持式检测仪、智能检测仪Ⅱ等）检查和诊断下列各个机构/系统的部件：起动机/充电系统、巡航控制、照明系统/刮水器和清洗器、发动机停机防盗系统、门锁/电动车窗、音响/空调、SRS 气囊。

* 具备传动机构知识及故障排除能力。

* 具备底盘各系统知识及故障排除能力。

* 尽最大努力对初级质量进行指导和建议。

* 熟悉汽油发动机、汽油发动机控制系统（EFI、ESA、ISC 等）、柴油发动机、柴油发动机控制系统（柴油 EFI）。

* 能用 RM、EWD 和检测仪（电压表、手持式检测仪、智能检测仪Ⅱ等）检查和诊断下列各个机械装置/系统的部件：汽油发动机、汽油发动机控制系统（EFI、ESA、ISC 等）、柴油发动机、柴油发动机控制系统（柴油 EFI）。

* 能够向维修顾问和工长解释工作结果。

* 尽最大努力改进工作方法和工作环境。

* 尽最大努力对初级技师进行指导和建议。

（4）TEAM21 STEP4 丰田诊断技师能力要求。

* 具有较强的培训和组织能力，能够指导团队完成工作任务。

* 善于沟通，有较强的协调、应变、用人、决策能力。

* 能操作计算机进行文字处理、统计、分析，具备一定的英语阅读水平。

* 具有较强的文字功底，可以撰写各种技术分析报告及技术诊断报告。

* 具备丰富的汽车维修、复杂问题诊断的技能。

* 组织制订公司维修技工的年度培训计划。根据技术分析报告，针对性地提出技术培训

计划。

* 完成维修业务标准流程中所规定的工作。

* 指导保修业务的开展。

2. 销售顾问

(1) SAEP Ⅰ（销售顾问一级）能力要求。

* 掌握汽车基本原理、新技术新装备。

* 掌握一汽丰田全系列商品知识及推销要点。

* 掌握销售顾问基本商务礼仪。

* 掌握 SSP 的流程和内容，能够灵活应用 SSP 相关工具。

* 了解汽车金融等知识，以能应对顾客咨询。

(2) SAEP Ⅱ（销售顾问二级）能力要求。

* Ⅰ级培训考试合格 2 年以上；或在经销店连续工作 3 年以上。

* 此前一年的销售效率为平均 6 台/月以上。

* 有驾照。

* 尊重顾客，热情应对，无顾客严惩投诉记录。

* 能够站在顾客立场上，理解顾客需求。

* 把握顾客心理，在保证成交率和 CS 的前提下，真正为顾客提供顾问式售前服务。

* 在满足顾客需求的基础上，通过向顾客提供保险、精品等增值服务，实现经销店的利润增加。

(3) SAEP Ⅲ（销售顾问三级）能力要求。

* 2 级培训合格 2 年以上。

* 此前一年的销售效率为平均 10 台/月以上。

* 退单率低于 10%。

* 交期违约率低于 10%。

* 最优先对应顾客需求、站在顾客立场上与顾客积极交流。

* 彻底贯彻 SSP。

* 客户维系良好，与顾客形成信赖关系。

* 了解丰田生产经营方式。

* 将 TOYOTA WAY 灵活应用于销售工作中。

* 培训销售顾问对一汽丰田品牌的忠诚度。